資深照護專家現場實證

U0006099

【圖解】

好用又有趣的樂齡活動

—— 維持身體機能、刺激認知，家族聚會、
機構照顧都適用

小林正幸、大澤麻衣　著

陳光棻　譯

樂齡活動

本書將介紹已經過資深照護專家現場實證，且備受歡迎的 55 種活動。在這一頁裡，以一覽表的方式同時標示出目次與各個活動預期能達成的效果。在尋找符合所需目標的活動時，還請多加參考。

目次

第 1 章　**為了開心進行樂齡活動**

	對精神上的刺激											對身體上的刺激						
	專注力	上進心	競爭心	慎重程度·細心程度	緊張感	期待感·激昂感	成就感	爽快感	團隊合作	溝通能力	笑容	手·手臂·手指	腿·腳	全身的平衡協調運動	聽覺	發聲功能	舌·口·顎的功能	呼吸功能
	●			●								●						
	●								●	●		●		●				
	●							●				●	●	●				
	●								●	●		●		●		●		
	●		●						●			●					●	●
	●	●							●			●		●				
	●		●									●		●				
	●		●									●		●				
	●								●	●	●	●						
	●			●								●						
	●	●										●		●				
	●		●									●						
	●		●					●				●						
	●		●									●						
	●	●	●									●		●				
	●				●							●						
	●			●								●						
	●							●				●						
	●			●								●	●	●				
	●		●										●	●				
	●		●						●	●								
	●		●						●			●						
						●					●	●						
	●					●	●					●						
	●							●	●	●					●	●		

3

對精神上的刺激													對身體上的刺激						
專注力	上進心	競爭心	細心程度	慎重程度	緊張感	期待感	激昂感	成就感	爽快感	團隊合作	溝通能力	笑容	手·手臂·手指	腿·腳	全身的平衡協調運動	聽覺	發聲功能	舌·口·顎的功能	呼吸功能
●									●	●	●	●	●				●		
●									●		●					●	●		
●									●	●			●			●	●	●	●
●						●			●				●			●	●		
●									●	●			●			●	●		
●											●				●			●	●
●											●	●						●	●
●									●	●			●						
●				●									●						
●				●						●		●	●				●		
●		●		●								●	●				●		
										●	●		●						
●		●		●						●			●						
●									●	●			●						
●													●		●				
●			●								●		●		●				
●		●			●					●			●		●				
●				●									●		●				
●									●				●		●				
●										●			●		●				
●		●										●	●		●				
●		●											●		●				
						●			●	●	●	●	●				●		●
●									●	●	●		●				●		
●			●							●	●		●	●					
●									●	●			●				●		
●		●								●			●						
								●		●	●		●				●		
●								●		●	●		●						

三十秒能晾
幾條毛巾？

參加人數	所需時間
4人~	**60分~**

洗衣高手

用洗衣夾一條條晾毛巾或手帕，是一種與精細動作相關的遊戲。雖然是個人賽，但因為有時間限制，所以氣氛還是會相當熱烈。參加者也要努力幫別人加油打氣唷。

所需動作

拿　抓　維持

對大腦‧五感的刺激

空間知覺

提升的身體功能

手的運動　手指的運動

精神面的變化

專注力　細心程度

要準備的器材

- [ ] 毛巾或手帕　30～40 條
- [ ] 洗衣夾（事先裝在小盒子裡）　50 個左右
- [ ] 洗衣籃或是用紙箱代替　1～2 個
- [ ] 曬衣架　1 座
- [ ] 曬衣繩　1 條
- [ ] 哨子　1 個
- [ ] 碼錶　1 個
- [ ] 記分板

試試看！

1 架設好曬衣架，將裝有毛巾的洗衣籃、裝有曬衣夾的小盒子擺放好。讓參賽者坐在曬衣架的前方。

2

工作人員吹哨後比賽開始,把毛巾一條一條晾起來。一條毛巾一定要使用一個曬衣夾。只要不掉下來,怎麼晾都沒關係。

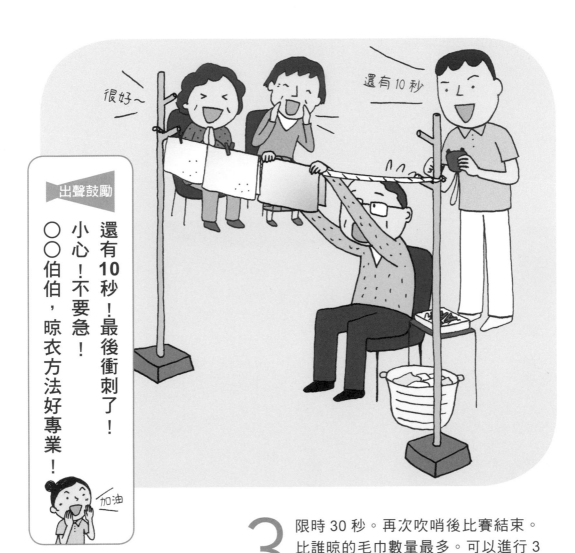

出聲鼓勵

還有**10**秒!最後衝刺了!

小心!不要急!

○○伯伯,晾衣方法好專業!

3

限時 30 秒。再次吹哨後比賽結束。比誰晾的毛巾數量最多。可以進行 3 ～ 5 回合。

 ❗ 輔助重點

如果改成兩人一組比賽,手指較不靈活的人也能參加。可以請他們負責遞毛巾,或是把毛巾掛在曬衣繩上等任務。如果把曬衣架改成高度在腰部的曬毛巾架,手臂無法伸直的人就也能參加。

加入變化……

工作人員可以用扇子搧風,高喊「風吹來了!」讓參賽者更不容易晾曬毛巾,氣氛會更為熱絡。

兩人一組把報紙丟到隔壁的院子裡

參加人數	所需時間
12人~	**60分~**

隔壁的落葉

把報紙揉成一團當作落葉。這個遊戲需要握與扔的力量。因為分成紅白兩隊，且是兩人一組進行，更增添了需要靠團隊合作贏得比賽的樂趣。

所需動作

拿　握　扔

對大腦·五感的刺激

空間知覺

提升的身體功能

手臂的運動　手指的運動　平衡

精神面的變化

專注力　團隊合作　溝通能力

要準備的器材

- [ ] 裁成 1/8 的報紙　約 100 張
- [ ] 擺放報紙的小桌　4 張
- [ ] 面紙盒（作為分界線）　7 ~ 10 個
- [ ] 垃圾袋　2 個
- [ ] 哨子　1 個
- [ ] 碼錶　1 個
- [ ] 記分板

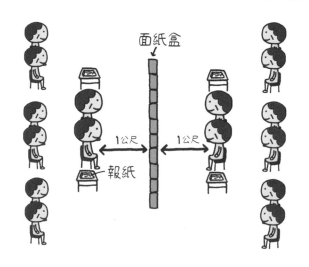

面紙盒

1公尺　1公尺

報紙

試試看！

1 將參加者分成相同人數的紅白兩隊，每隊成員再分為兩人一組。在場地正中央擺放面紙盒作為分界線，隔出紅隊的院子和白隊的院子。每一組分別坐在自己隊伍的院子裡。把堆好成疊報紙的小桌擺在身旁。

2 工作人員吹哨後比賽開始，參賽者將報紙揉成球狀，當作是落葉，扔進對方的院子裡。對方丟過來的落葉，則拾起後扔回去。

出聲鼓勵

落葉愈來愈多囉！
○○阿姨，院子掃得很乾淨呢
就差一點點了，加油！

3 限時 1～2 分鐘。再次吹哨後比賽結束。然後把掉在自己院子裡的落葉放進垃圾袋裡，先將袋口綁起來。下一組也進行相同的比賽，在最後一組結束後，數一數垃圾袋裡的落葉。數量較少的隊伍獲勝。

! 輔助重點

單側偏癱的人，可由工作人員把報紙遞到他的手中。要注意別讓參加者因為過於投入而站起身來。

加入變化……

可以在報紙上寫上「松茸」、「烤地瓜」等，混雜在報紙堆中。參加者可能會因為沒有注意到就丟了出去，或是發現了所以保留下來……最後計算數量時，擁有「美味落葉」的一方，可以把自己的 5 片落葉給對方。

參加人數	所需時間
3 人～	**60 分～**

鬼太郎擊退妖怪

把紙盒做成的木屐踢飛出去，目標是擊倒寶特瓶。設定倒扣分數，或是由工作人員出手阻擋等，炒熱比賽氣氛。雖然是個人賽，但也可以進行團隊間的對抗賽。

所需動作

> 踢

對大腦・五感的刺激

> 距離感　計算能力

提升的身體功能

> 腳的運動　平衡

精神面的變化

> 專注力　成就感

要準備的器材

- ☐ 寶特瓶 500 毫升、1000 毫升、1500 毫升混合共 6 ～ 10 個
- ☐ 貼在寶特瓶上妖怪圖案的紙板　6 ～ 10 張
- ☐ 貼在寶特瓶上女孩圖案的紙板　1 張
- ☐ 貼在寶特瓶上的分數紙板（10 ～ 100 分，-30 分）
- ☐ 用紙盒（面紙盒等）做的木屐　2 ～ 3 雙
- ☐ 鼠男的面具　1 個
- ☐ 哨子　1 個
- ☐ 記分板

試試看！

1 在離比賽位置 4 ～ 5 公尺的地方，排列擺放貼有妖怪圖案和分數的寶特瓶。貼有女孩圖案的寶特瓶貼上 -30 分。參賽者坐在比賽位置，用紙盒做的木屐放在腳邊。

2 工作人員吹哨後比賽開始，參賽者瞄準寶特瓶，踢出木屐。將妖怪完全踢倒就得分，踢倒女孩的話則會扣分。戴著鼠男面具的工作人員不時從寶特瓶前方穿過，參賽者必須在巧妙避開阻礙的同時，踢出木屐。

3 每個人各踢 3〜5 次，要瞄準還沒踢倒的寶特瓶。可以根據當天參賽者人數來決定踢的次數。踢完之後就計分。最後一個人踢完後，計算所有參賽者的得分，最高分者獲勝。

▼ 出聲鼓勵

踢得好！

○○伯伯，你是正義的夥伴！

（腳力較弱的人成功踢倒妖怪時）

加油

❗ 輔助重點

要注意別讓參加者因為過於投入而站起身來。參賽者有時會不小心失去平衡，所以工作人員一定要站在他的旁邊，萬一發生狀況能立即提供協助。踢力較弱的參賽者，可以讓他們靠近比賽地點一些再踢，設法讓他們也能享受這個遊戲。

〇個臭皮匠勝過一個諸葛亮？

地方巡禮

參加人數	所需時間
6 人~	**60 分~**

3～5 人一組，一邊討論一邊選出畫有題目所提及地方名產的卡片。
這是一個刺激思考力、記憶力、溝通能力的比賽。

類別

用地理知識玩遊戲

對大腦·五感的刺激

思考力　**靈感**　**記憶力**

提升的身體功能

手指的運動　**手臂的運動**　**發聲功能**

精神面的變化

專注力　**團隊合作**　**溝通能力**

要準備的器材

- [ ] 畫有全國名產、名勝插畫的「地方卡片」 60 張　每隊 1 份
- [ ] 哨子　1 個
- [ ] 白板　1 塊
- [ ] 白板筆　1～2 枝
- [ ] 記分板

試試看！

1 將參加者每 3～5 人分成一隊。請他們分別圍著桌子入座，由工作人員分發「地方卡片」。每一地區會有三張「地方卡片」，例如北海道就是鮭魚、馬鈴薯、流冰，鹿兒島就是櫻島、燒酎、西鄉隆盛等。所有隊員將拿到的卡片，圖案那一面朝下地排列在桌上。

2 工作人員吹哨後，把卡片翻開。參加者要一起將符合工作人員所說地名的三張卡片全都找出來。找到的隊伍全員一起舉手說：「○○縣，巡禮完畢！」

是北海道唷～

是這個對吧

是吧

對

▶ 出聲鼓勵

沒有提示就答對了！好厲害！

接近囉，就在那附近

○○阿姨，你很熟耶！

好像旅行社一樣呢

（對平時很安靜的參加者說）

加油

3 所有的隊都找到之後，工作人員會把答案一一寫在白板上，讓大家對答案。答對一張就得 50 分，全部都找到，還會額外加 50 分，合計就是 200 分。答完題的卡片交給工作人員，就進入下一題。可以根據參加者人數，決定出題數。

! 輔助重點

掉在地上的卡片，一定要由工作人員撿起來。遲遲答不出來的隊伍，可讓工作人員加入，並給予提示。為了避免都是同一個人在答題，最好是把程度相當的人組成一隊。

加入變化……

若出現了參加者出生的縣或是有淵源的地方，就請參加者簡單介紹是否有其他名產或景點，可以增加大家的知識。最後，將當天出現的地方進行「想去看看的排行榜」作為結束也不錯。

呼呼接力

這個比賽算是一種口腔運動，也能給呼吸道帶來刺激。乒乓球可能會滾太遠，或是不往預期的方向前進。要適切地調節呼吸並不容易，是容易讓人不知不覺就上癮的遊戲。

類別

> 用嘴巴
> 玩遊戲

對大腦·五感的刺激

對口腔的刺激	距離感

提升的身體功能

手指的運動	下顎的運動	呼吸功能

精神面的變化

專注力	競爭心	團隊合作

要準備的器材

- ☐ 乒乓球　每隊 1 顆
- ☐ 吸管　每人 1 支
- ☐ 用壓克力盒或壓克力板等透明物品做的隔板　1 組
- ☐ 作為終點的盒子　1 個
- ☐ 哨子　1 個
- ☐ 記分板

試試看！

1 將參加者每 4～7 人分成一隊。隊伍橫向排列，兩支隊伍面對面地坐在桌子前進行對戰。在桌子中央設置隔板。如果沒有隔板，也可以用 2 公升的寶特瓶橫放作為隔板。以桌子的一端為終點，裝上盛接掉落乒乓球的盒子。參加者拿著吸管做好準備。

2

工作人員吹哨後比賽開始，從第一個人開始，用吸管吹乒乓球，使其移動到鄰座的人面前。用吸管或是用手推乒乓球，就算犯規，要從頭開始。乒乓球掉到地上，請工作人員撿起來，從掉落的地方重新開始。

呼呼接力

出聲鼓勵

○○阿姨，你的肺活量太厲害了！

深呼吸，慢慢來！

加油

3

最後一個人把乒乓球吹進終點的盒子裡。只要任何一方隊伍的乒乓球抵達終點，遊戲就結束。拚命吹氣是很累的活動，所以最多三場比賽就要結束。也可以在活動中間加入休息時間。

！ 輔助重點

吸管用完一定要丟掉。怎麼都吹不動乒乓球的人，可以和工作人員兩人一組一起參加比賽。在感冒或流行性感冒盛行的時期，不要進行這個比賽。

加入變化……

隊伍不排成橫排，而是改排成之字形交叉對坐，會發生自己隊伍的球和對方隊伍的球相撞等情形，更增添比賽的趣味性。

本書中所使用的器材

就算沒有使用特別的器材，也能讓活動成功。雖然必須事先製作或準備的物品很多，但不妨想像參加者們開心的樣子，試著發揮各種巧思吧！將外觀修飾加工得美觀也很重要，會有助於提升參加者的幹勁。當然也千萬別忘了安全上的考量。

報紙

報紙的用法有很多種，揉成球狀或是把好幾張疊在一起捲成筒狀做成「體操棒」等。優點就是容易取得。

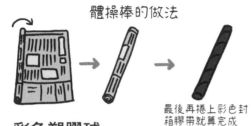

體操棒的做法

最後再捲上彩色封箱膠帶就算完成

彩色塑膠球

柔軟且具高安全性的球體。事先準備每種顏色各 20 顆，就能運用在各式各樣的遊戲裡。

紙氣球

無法確實掌握的手感，產生了獨特的刺激性。

海灘球

安全，且即便力氣不大也能拋得很遠。收納不占空間也是優點之一。

乒乓球

小小一顆卻不好掌握，能讓樂齡活動的樂趣倍增。

小沙包

比彩色球更容易握在手裡，所以投擲力較弱的人，也扔得出去。

紙箱、箱子

可以作為球體的標靶，或是將器材整理收納在內。

面紙盒、小盒子

可以作為標靶，也能作為器材，有各式各樣的使用方法。

寶特瓶

可以作為標靶。由於容易取得，所以很方便。切開使用時，在斷面的地方要貼上封箱膠帶以免危險。

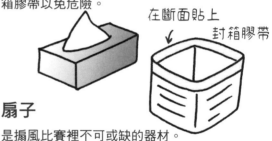

在斷面貼上封箱膠帶

扇子

是搧風比賽裡不可或缺的器材。

紙板或卡片等

用來寫上數字，或是繪圖出題等，有各式各樣的使用方法。

手旗

用於給分或作為遊戲結束的信號

哨子
記分板

第1章
為了開心進行
樂齡活動

為了讓參加者能打從心底享受樂齡活動，

首先必須掌握基本原則。

可以試著重新確認

進行活動的目的？

應該選擇什麼樣的活動？

在進行活動時應該注意哪些事項？

樂齡活動中重要的事
——代替「前言」

為了讓高齡者覺得「每天都很開心」

「能天天來這裡真好。因為來這裡，所以我現在還能走路，還能這麼有精神。我明天也還想來。因為每天都很開心。」

有一次，一位八十歲的機構使用者這麼對我說，我真的很開心。再也沒有比這更棒的回饋了。

樂齡活動正是為了讓使用者能有這種感受的方法之一。目標可說是相當崇高。因為活動並不是單純為了打發時間而做，也不是因為規定才做，更不是總之做就對了的事。

話雖如此，每天進行活動的過程中，很容易就會出現千篇一律、了無新意，或是使用者反應變差的狀況。這種時候，希望大家看了這本書後，能從中獲得一些嘗試新活動的線索。

本書集結了在我所隸屬的文京昭和高齡者居家服務中心裡，實際進行的樂齡活動。是我到任後經過了十四年，期間進行過的眾多樂齡活動中，經過反覆挑選取捨，採納使用者意見進行改良，換句話說是經過去蕪存菁後留下的 55 種活動。

在規劃樂齡活動時千萬不能忘記的事

在進行活動時，要注意幾項重要的事：

●用一個月、半年、一年為期來規劃

跨年、賞櫻、中元或祭典等，這些年度例行活動，很容易被納進一整年的行程規劃中，但日常規律進行的活動往往會被當成獨立的活動來思考。可是還是希望各位能用規劃一段期間活動的角度訂定計畫。

把活動與年度例行活動連結在一起考慮，會更容易制定計畫。也必須考量季節和天氣。譬如在較冷的季節，安排比較緩和、長時間活動身體的遊戲，或是在梅雨季時進行提振心情的遊戲等。「腿部鍛鍊月」、「漢字精進週」等集中主題的計畫，也可以納入例行性活動。

透過訂定長期計畫，應該就能避免樂齡活動淪為敷衍了事、暫時湊合的活動。

●要讓使用者感受到團體活動的魅力

當然，使用者中不免也有人會覺得「要和別人一起做些什麼好麻煩」。但是，就像自己一個人做體操，往往很難

持之以恆，也會覺得很無趣。透過團體活動，不但有趣也能萌生出競爭心，而不覺得痛苦地持續下去。我希望樂齡活動能夠幫助機構使用者感受到這一點。

此外，使用者之間、使用者和工作人員之間的交流溝通，也經常是透過團體活動才形成的。

●尊重個人、肯定存在是不可或缺的

讓每一位活動參與者成為關注焦點也很重要。抓住機會呼喚參與者的名字、和他們對話，努力創造讓該名參與者能成為主角的情境，而不是不重要的旁觀者。

●比起身體上的效果要更重視精神上的刺激

樂齡活動與復健不同。這是一種既能鍛鍊身體，又能同時享受活動樂趣的方式。比起以提升功能為目標，不妨把目標放在維持目前的功能上。更重要的是，讓使用者能享受到團體活動的樂趣，進而願意繼續參與。

●化為數據共享資訊，以設計出機構獨創的團體活動為目標

在我們的中心裡，有製作了紀錄詳細內容的「樂齡活動表」，在工作人員之間共享關於樂齡活動的資訊。

看過類似本書主題的團體活動書籍後，一開始直接照搬也無妨，但重要的是在進行過兩、三次，累積多次經驗後，修正改良為該機構獨創的團體活動。環境、地方風俗民情、使用者的組成等，都會因機構而異。請各個機構發揮各自的巧思，將它們精進成能讓參與者更樂在其中的活動。

（文京昭和高齡者居家服務中心主任　小林正幸）

樂齡活動的
目的與效果

樂齡活動能帶來的成效是多重的，譬如在活動手臂的同時，也能培養專注力，以及讓參加者感覺心情愉快等。請在掌握活動的目的和效果後，再做出選擇。

對精神與腦部的影響

所有樂齡活動都預期能達到的效果，應該就屬維持、提升專注力與思考力了。理解規則和器材的使用方法，並預測結果等，都能刺激腦部或精神。也有些活動會需要使用數字、語言或漢字，或是運用自己的體驗等，也都有鍛鍊記憶力的效果。

透過和夥伴一起進行遊戲，過程中聽取別人的意見、發表自己的意見、妥協讓步、體諒他人等，也能培養與他人交流的能力。並且，也能萌生競爭心、獲得成就感。

對身體的影響

樂齡活動的目的之一，就是預防、改善廢用症候群（disuse syndrome）。

高齡者多半都有膝蓋或腰部等的問題，就算沒有問題，往往也因關節僵硬，導致可動範圍變小。因為疼痛或僵硬的緣故，愈來愈懶得動，結果讓廢用狀態愈發嚴重，導致惡性循環。此外，因為糖尿病或高血壓等生活習慣病的盛行率（prevalence rate）也很高，患者體力和免疫力都變差，無法隨心所欲外出的人也不在少數。

樂齡活動能透過活動手腳來維持骨骼關節的可動範圍與機能。並且，也能訓練全身的平衡和協調。

或許很難期待所有參加者都能提升功能。但卻常能觀察到投球的距離變遠了，或是雙手的動作變得更為靈巧平順等效果。

對個性的影響

透過關注每一位參加者，可以讓他們找回自信，感受到自己在團體中的存在意義。

例如，在進行以釣魚或足球等為主題的團體活動時，就可以請擅長該項活動的參加者來告訴大家真正的規則，或是分享該活動吸引人的地方等。此外，要找出每個人擅長、傑出之處，譬如擅長投球的人、擅長替別人加油的人等，盡可能地關注每一位參加者。

若能讓所有參加者都覺得自己是主角，團體活動的吸引力就會倍增。

對精神・腦部的刺激

對專注力、思考力、判斷力、記憶力、空間知覺*、上進心、競爭心、成就感、協調性、溝通能力、情緒轉換、感到興奮等有所助益。

對視覺・聽覺的刺激

專心看或專心聽，能鍛鍊視覺或聽覺等的感覺系統。

改善口腔功能

目標是透過大幅活動口腔，改善顎、喉的功能，維持發聲功能與吞嚥功能。

改善發聲功能

透過應答或替人加油，刺激發聲功能。

手指的運動

透過翻動卡片、寫字等精細動作，改善手指的功能。

改善呼吸功能・心肺功能

活動身體，能促進血液循環，提高心肺功能。

上肢・下肢的運動

目標是透過活動手腳，維持、提升運動能力和關節的可動範圍。活動肌肉，不僅能促進血液循環，也有助於提高睡眠品質。

＊ 空間知覺（spatial perception），意指對物體形狀、大小、相對平面位置及空間位置等空間特性的感知，空間知覺能力是指人們以三度空間方式來思考的能力。——譯者註

改善協調運動（平衡）

樂齡活動基本上都是坐在椅子上進行，但光是一個投擲的動作，若下肢或全身不協調就無法順暢進行。此外，若視覺等感覺系統與手腳的協調性不夠時，球就無法往預期的方向或距離投擲。透過不斷地反覆執行動作，可以逐步提高協調性和平衡能力。

 在第 2 章所介紹的活動裡，設有▶所需動作▶對大腦・五感的刺激▶提升身體的功能▶精神面的變化等項目，分別記載每個活動的細節。

炒熱樂齡活動氣氛的
8 個重點

活動的事前準備很辛苦。但準備愈充足，應該能達到的成效就愈好。
掌握 8 個重點，一起讓活動氣氛更加熱烈。

重點 1
進行模擬演練
以順利執行

在活動正式進行之際，從引進
到最後結束，要確實擬定流
程，並做好時間分配。還必須
確認需要準備的物品、工作人
員人數、任務分配等。所有人
都把活動的流程事先記住，也
就不會發生掃興的狀況，即便
過程中發生什麼意外，也能冷
靜處理。

重點 2
確實制定基本規則

參加者當中也不免有人會對規
定嚴肅看待。為了不讓參加者
感到不快，應該事前確實訂定
基本規則。而且，還必須能因
應狀況隨機應變。

重點 3
從一早就開始準備，
以炒熱活動的氣氛

譬如，在日照中心早晨的接送
專車上，就預告當天的活動，
或是向參加者喊話「今天一起
開心地玩唷！」等，讓參加者
有所期待也很重要。這是炒熱
氣氛的祕訣之一。

重點 4

不要貿然就開始

包括規則說明等，在所有人都整理好心情後再開始。如果現場看起來還有點鬧哄哄的，和參加者一起聊一些和活動相關的事也是不錯的方法。

重點 5

要關照到所有人。注意遊戲的推進方式要盡可能配合參加者。

在活動進行當中，也要時時留意、關照參加者的狀況。若有人不擅長該遊戲，可以陪他一起參與，或是思考座位的位置，或是出聲鼓勵。參加者若無法做踢的動作，就改成用丟的，因應當場的狀況改變遊戲規則也沒關係。

重點 6

工作人員偶爾也要搞笑一下

工作人員有時也要成為參加者，會不小心失誤，或是接受參加者的指導等，緩和大家的情緒，炒熱現場的氣氛。但切忌刻意、不自然的表現。

重點 7

在還很開心的時候就結束

結束的時間點也很重要。當參加者覺得很開心，還想再多玩一下的時候，就是一個結束的好時機。因為這樣能讓他們「還想再玩」。此外，在很開心、情緒高昂的狀態下結束，也比較不會感到疲勞。

今天
到此為止～

重點 8

不要忘了反省

是否有按事先討論的進行、規則或器材是否恰當、工作人員的行動……都要一項一項反省，做得不夠好的地方要找出改善點，做得好的地方下次要能維持下去。所有人都分別提出意見，目標是合力提高活動的水準。

 在第 2 章介紹的樂齡活動裡，會介紹改變部分規則或器材的範例「加入變化……」，以及出聲鼓勵的範例。

今天的樂齡活動，
從檢查這裡開始！

在開始進行活動之前，再次檢查下列幾點。為了讓參加者覺得「開心！」「還想再玩！」「真慶幸我有參加！」每一個都是應該注意的重點。

安全性

首先，最重要的就是安全第一。除了活動本身的安全性之外，空間、器材、工作人員人數等也都要仔細確認，如果有任何一點風險或勉強，就選擇別的活動進行。

- ☐ 空間充足
- ☐ 動線範圍內沒有危險物品
- ☐ 器材完備
- ☐ 器材不具危險性
- ☐ 工作人員人數足夠
- ☐ 時間充裕不勉強
- ☐ 插入適當的休息
- ☐ 不勉強身體狀況不好的人參加

公平性

再次思考該活動是否能讓當天所有參加者都樂在其中。以淺顯易懂的方式說明規則，好讓所有人都能理解。要留意加油聲要傳達到所有參加者耳裡。

- ☐ 所有人都能樂在其中
- ☐ 不讓特定的某些人成為「不會的人」
- ☐ 說明是否每個人都能理解
- ☐ 一視同仁地為所有人打氣加油

獨創性

如果是我們機構……

活動是否適合自己機構的環境和參加者呢？不妨藉由一些變化和巧思，讓活動更具有原創性。最重要的基準為是否適合參加者、參加者是否樂在其中。

- □ 樂齡活動不是按書裡寫的照搬，要加入變化與巧思
- □ 規則不能只考慮一個角度，要設計出能臨機應變、適合參加者的活動

尊重個人

○○阿姨，拜託你了

要尊重每一位參加者，視他們每一位為獨立的個體。切忌把他們當作小孩，或是視為一大群人。可以試著以「○○伯伯的時候是什麼樣的情況呢？」的方式問出個人的經驗，以「○○姨很精通這方面，請她來教我們」的說法，營造出參加者能成為老師的場景等，讓參加者在團體中感受到自己的存在意義。

- □ 不要選擇幼稚的活動
- □ 在出聲對話時加上該參加者的名字
- □ 關注擅長的部分予以稱讚
- □ 打造出讓每個人都有機會站在「教導立場」的場景

 在第 2 章介紹的樂齡活動裡，會以「輔助重點」為標題，介紹活動進行過程中可能會發生的意外狀況等。

這種時候該怎麼辦？

猶豫要不要參加的時候

尤其是男性，會因為害羞，或是覺得參加活動什麼的很孩子氣，所以往往不太願意參加。或許可以試試以下的邀請方式。

①在進行與該名長者擅長或感興趣之事有關的活動時，尋求他的指導、感想或意見。

②說明效果以激勵機構使用者參加樂齡活動，例如可以鍛鍊腿部預防跌倒、可以刺激手臂讓血液循環變好、做點運動讓晚上能睡得更熟之類的。

③在所有人都是第一次參與活動時邀請參加。

樂齡活動是為了讓高齡者能開心生活的方法之一。即使沒參加，只是在場觀看就能樂在其中，也不需要硬是邀請他們。請尊重對長者而言最佳的狀態。

總是同一個人很引人注目的時候

當活動是開放自由回答時，很容易就會變成都是積極的人在舉手作答。為了讓所有參加者都有機會，把規則訂為輪流作答會是更明智的作法。即使如此，還是有些活潑的參加者會忍不住就想發言，所以在比較寡言的參加者作答時，工作人員就要像說相聲一樣，細心地適時講話，引導出他的答案。

有人因為一直輸而喪失幹勁的時候

雖然有人會覺得，只不過就是活動，但有時還是不禁全神貫注地投入，輸了還會覺得懊悔。甚至有些參加者因為實在輸了太多次，賭氣說「再也不玩了！」之類的話。

這種時候，可以多選擇一些團體賽的活動。在組隊上也多用點巧思，讓這種類型的參加者，即使在隊伍輸的時候也能成為在團隊中活躍的人。

並且用「是把運氣留給下次對吧！」「是對方承讓了！」之類的說法來讓場面更圓滿，讓參加者的情緒更高昂，這也是不可或缺的。

26

第2章

開心歡樂的
樂齡活動50

這裡介紹的 50 種樂齡活動，
全都是經過實際反覆執行、廣受歡迎的項目。
可以統整為運用上肢、下肢的活動、
運用大腦、神經、感覺的活動、
運用全身平衡的活動、
運用溝通能力的活動共四大類。
請作為平時進行活動的參考。

使用說明

將器材或規則稍作改編，加入變化的一些提示。請多運用巧思。	列舉出為安全進行活動必備的注意事項，或是幫助難以融入活動的人開心參加的方法。	為了炒熱活動氣氛，出聲鼓勵和加油打氣是不可或缺的。書中舉出適合該活動的鼓勵方式或加油的範例。敬請參考。

瞄準目標的手推車
正中紅心！

參加人數	所需時間
2人～	**30**分～

瞄準後丟

瞄準手推車將小沙包投擲進去，比比誰的得分高。由於可以自己設定想瞄準的距離，投擲能力較弱的人也能參加，若是拉長距離也能增加樂趣。既能進行個人賽，也能進行團體賽。

所需動作

握　　投

對大腦・五感的刺激

距離感　計算能力

提升的身體功能

手臂的運動　平衡

精神面的變化

專注力　上進心　成就感

要準備的器材

- ☐ 手推車　1～2台
- ☐ 籃子（也可以用紙箱）　1～2個
- ☐ 小沙包　一人平均5個
- ☐ 彩色絕緣膠帶　（寫上距離貼在地板上）
- ☐ 記分板

5公尺
4公尺
3公尺
2公尺
1公尺

3公尺

試試看！

1 進行團體賽的時候，以 3 ～ 6 人為一隊。根據與手推車的距離，1 公尺＝ 10 分、2 公尺＝ 20 分、3 公尺＝ 30 分、4 公尺＝ 40 分、5 公尺＝ 50 分，在地板上以 1 公尺為單位貼上標示距離的封箱膠帶。

2 一人 5 個小沙包。將手推車放在投擲者指定的位置，瞄準後投擲。用丟的或是用拋的都 OK。

5 公尺
4 公尺
3 公尺
2 公尺

出聲鼓勵

○公尺，得分！

幹得好！
（丟進比之前更遠的距離時）

加油

3 小沙包丟進手推車裡就算得分。5 個全進，還有額外獎勵加 10 分。增加投擲距離，可以提升身體功能。

！輔助重點

有些人一投入遊戲就會忍不住站起身來，但這樣很危險，一定要請參加者坐著進行遊戲。以能確實投進籃子裡為目標，可以運用一些巧思，譬如設定 50 公分＝ 5 分等，讓只能投進近距離的人也能樂在其中。

加入變化……

當投擲用的球換成乒乓球、彩色塑膠球、報紙揉成的紙球等，施力的程度就會改變，可以進一步培養出瞄準的感覺。

瞄準洞口 滾球入洞

參加人數	所需時間
2人~	**30分~**

上坡咕嚕咕嚕遊戲

分成兩隊，每個人輪流把球滾進斜板上的洞裡，比誰的得分高。既可個人賽，也能團體賽。也要用力加油打氣，開心地炒熱氣氛。

所需動作

握　滾

對大腦·五感的刺激

距離感　計算能力

提升的身體功能

手臂的運動　平衡

精神面的變化

專注力　競爭心

要準備的器材

☐ 球（彩色塑膠球、室內用槌球等）
　　3～4顆
☐ 挖了足夠讓球掉進去的洞的板子　1塊
☐ 可以讓板子斜放約20公分高的箱子　1個
☐ 記分板

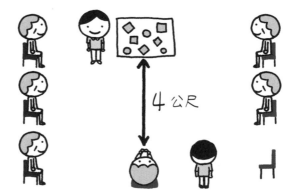

4公尺

試試看！

1

將參加者分成人數相同的兩支隊伍。兩隊成員相對而坐，中間保留讓球滾動的空間。板子上的洞由近到遠，分別標上10分～100分，另外也設定分數加倍的洞口。把比賽起點設在離板子約4公尺的地方。

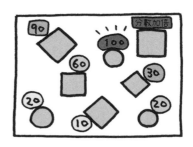

2 每個人輪流坐在比賽起點的椅子上，把球滾出去。滾 3 次之後就換人。

3 加總滾球進洞的分數後，高分者獲勝。

出聲鼓勵

加油

往前，往前！
（當球滾動的時候）

○分，○分，○分
（鼓勵參加者瞄準洞口的時候）

！ 輔助重點

滾球的空間要設得寬鬆一點，以防球碰撞到參加者的腳。

用小沙包把氣球撞飛

參加人數	所需時間
2人～	**30分～**

小沙包碰碰！

用小沙包丟擲圈環裡的氣球，把氣球撞出圈環外。這是不太理解規則，或不擅長玩遊戲的人都能樂在其中的活動。雖然是個人賽，但也可以轉變為團體賽。

所需動作

握　投

對大腦·五感的刺激

距離感　計算能力

提升的身體功能

手臂的運動　平衡

精神面的變化

專注力　競爭心

試試看！

要準備的器材

- ☐ 小沙包（紅色白色皆可）　5～6個
- ☐ 圈環　6個
- ☐ 氣球　6～7個（和圈環一樣多，或是比圈環多）
- ☐ 寫有分數的紙板　－10分、10分、30分、50分、70分、100分，每個分數各一塊
- ☐ 膠帶（固定紙板用）
- ☐ 記分板

2～3公尺

1　在地板、椅子上、箱子上等，各種不同高度的地方放置圈環，並且由近到遠，在圈環裡分別放入標有10分～100分的紙板。在圈環裡放上氣球，蓋住標有分數的紙板。將比賽起點設在距離氣球區2～3公尺的地方，讓參加者坐著進行遊戲。

2

一人分別拿 5 個小沙包。從起點瞄準氣球，把沙包丟擲出去，設法讓氣球從圈環裡掉出來。

10 分

3

當氣球從圈環裡彈開時就算得分。在旁觀賽的人也要替參賽者加油，一起炒熱氣氛。

出聲鼓勵

好棒！得○分！
紅色、紅色，
瞄準紅色！
（當氣球有各種顏色的時候）

加油

！輔助重點

如果許多參加者都不擅長計算分數，也可以比看誰撞開的氣球數量較多。

加入變化……

放置寫有模仿題目的紙板，來取代標有分數的紙板，可以增添另一種樂趣。

參加人數	所需時間
10 人~	60 分~

孩子的爸，咖哩煮好囉！

一隊 5 人同心協力煮一盤咖哩給爸爸的遊戲。以手指和手臂的動作為主，但決定分工、擬定順序後按步驟執行等，都有助於活化大腦。

所需動作

抓　攪拌　拿起

對大腦‧五感的刺激

空間知覺　按照順序　想像力

提升的身體功能

手臂的運動　手指的作業

精神面的變化

專注力　團隊合作　溝通能力

要準備的器材

- [ ] 小朋友的廚房玩具，用魔鬼氈連接可以切開的紅蘿蔔、馬鈴薯、洋蔥、肉塊等　每隊 1 份
- [ ] 用來作為米飯的抽取式衛生紙　每隊 5 張
- [ ] 用厚紙板做的菜刀、砧板　每隊 1 份
- [ ] 扮家家酒用的盤子、湯勺、平底鍋、湯鍋、料理長筷、湯匙等　每隊 1 份
- [ ] 圍裙　每人 1 條
- [ ] 三角巾　每人 1 條
- [ ] 哨子　1 個
- [ ] 碼錶　1 個

試試看！

1 將參加者分成 5 人一隊，所有人都穿上圍裙、綁上頭巾（三角巾），增加遊戲的氣氛。把烹煮咖哩所需的材料和餐具分配給各隊。決定好五個人的任務分工，分別是①切菜的人、②用平底鍋炒料的人、③用湯鍋煮咖哩塊的人、④在盤裡添飯並淋上咖哩的人、⑤負責餐桌擺設的人，然後就座。

2 工作人員吹哨後，扮演爸爸的人說出「我回來了！」比賽就開始。作業的順序是①切菜→②用平底鍋炒料（甩鍋 7 次）→③把蔬菜和咖哩塊放進湯鍋裡攪拌（右手 5 次、左手 5 次）→④在盤裡添飯並淋上咖哩→⑤進行餐桌擺設。大家同心協力以流水線作業的方式進行。當餐桌擺盤完畢後，所有隊員齊聲喊出「孩子的爸，咖哩煮好囉！」就結束。

出聲鼓勵

還沒好嗎？還沒好嗎？
我好餓啊！
（扮演爸爸的工作人員）
要冷靜！

加油

3 記錄每隊的時間，花最短時間的隊伍獲勝。要注意平底鍋和湯鍋作業時要確實遵守規則所訂定的動作次數。可以讓所有隊員一起出聲數出次數。可以交換每個人的分工後，進行第二輪、第三輪的比賽。

 ❗ 輔助重點

比賽開始前所有人先一起討論、複習一下烹調咖哩的方法，以讓所有人都能按照步驟進行。若有人不懂，可以事先在白板上寫出步驟。

上肢

把報紙揉成球
丟進垃圾桶裡

投球遊戲[*]

用兩手把報紙揉成球狀，丟進垃圾桶裡。把報紙揉成團的動作會用到手，也有助於改善握力。雖然遊戲很簡單，但可以團體賽來炒熱氣氛。

參加人數	所需時間
10人~	**60分~**

所需動作

握　　投

對大腦・五感的刺激

距離感

提升的身體功能

手臂的運動　手指的作業

精神面的變化

專注力　細心程度　團隊合作

試試看！

要準備的器材

☐ 報紙（事先裁成一張一張）
　1人5～8張左右
☐ 放報紙的小桌　1～2人一張
☐ 開口較大的垃圾桶（也可以用紙箱）
　每隊1個
☐ 哨子　1個
☐ 碼錶　1個

報紙

1 把參加者分成5人一隊。每一人或兩人的身旁放一張放報紙用的小桌，在隊伍的中央放置垃圾桶。坐著進行遊戲。

---

* 投球遊戲的原型來自於日本小學運動會上常見的投球遊戲，將籮筐固定在長桿上作為球框，由一人負責拿著，其他人則設法將球或小沙包等丟進籮筐裡。比賽結束後，再由一人負責將籮筐內的球一個一個丟出，所有人一起數籮筐裡有多少顆球，數量較多的隊伍獲勝。——譯者註

2

工作人員吹哨後比賽開始。把報紙揉成球狀，丟進垃圾桶裡。一場比賽的時間為 1 分鐘。工作人員要提醒參加者確實揉成球狀後再投出。

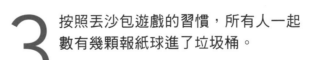

加油

3

按照丟沙包遊戲的習慣，所有人一起數有幾顆報紙球進了垃圾桶。

❗ 輔助重點

要注意別讓參加者因為過於投入而站起身來。對於握力較弱的參加者，工作人員可以協助先把報紙稍微揉到一定程度後，再請參加者靠自己的力量調整為球狀後投擲出去。

參加人數	所需時間
5人～	**30**分～

可以通到哪裡呢？

滾球，讓球穿過球門，以抵達終點為目標的遊戲。球門會垂下膠帶，以減弱球前進的力道。參賽者以外的人作為裁判，判斷是否通過球門。

所需動作

握　　滾

對大腦‧五感的刺激

距離感　判斷力

提升的身體功能

手臂的運動　平衡　瞬間爆發力

精神面的變化

專注力　上進心

要準備的器材

- ☐ 2 公升的寶特瓶　8 個
- ☐ 和排球差不多大小的球　2 顆
- ☐ 室內槌球　1 顆
- ☐ 包裝用塑膠繩，或是紙膠帶等（用來做球門）
- ☐ 室內槌球的球門　1 個
- ☐ 手旗（裁判用）　4 支
- ☐ 分數板 20 分、40 分、60 分、80 分、100 分　各 1 個
- ☐ 記分板

試試看！

1 在寶特瓶裡裝進有顏色的水，使其穩定，搭建 4 個球門。離參賽者愈遠，球門的寬度就愈窄。按距離從近到遠，分別在地板上貼上 20 分、40 分、60 分、80 分的紙板，最遠處放置一個槌球的球門，此處進球得 100 分。擔任裁判的四個人，每人手拿一支手旗，分別坐在每個球門的旁邊。

2 參賽者坐在比賽起點的椅子上，開始滾球。每穿越過一個球門，得分就累加上去。如果球撞倒寶特瓶，或是偏離由寶特瓶所圍起的球場時，就不予計分。當球穿越自己面前的球門時，裁判要舉起手旗判定 OK 有通過。

3 2 顆大球和 1 顆小球，合計滾球 3 次，高分者獲勝。

出聲鼓勵

GO、GO、GO！
到下一個球門唷！
下一球可以再穿過更遠，

○○裁判，您的判定是？
（當球撞倒寶特瓶時）

加油

！輔助重點

覺得用前傾姿勢滾球會害羞的參賽者，也可以讓他們用棒子來滾球。

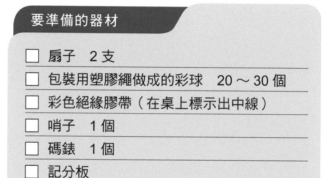

把「彩球」移動到對方的桌面

參加人數 **2人~**

所需時間 **60分~**

扇子啪啪遊戲

用扇子搧風，盡可能地把更多「彩球」移動到對方的桌面上。一隊約 5 人左右的團體賽。遊戲推進非常快速，可以訓練反射神經。個人賽 也 OK。

所需動作

握 **搧**

對大腦・五感的刺激

反射 神經

提升的身體功能

手臂的 運動

精神面的變化

專注力 **競爭心** **團隊 合作**

要準備的器材

- [ ] 扇子　2 支
- [ ] 包裝用塑膠繩做成的彩球　20～30 個
- [ ] 彩色絕緣膠帶（在桌上標示出中線）
- [ ] 哨子　1 個
- [ ] 碼錶　1 個
- [ ] 記分板

試試看！

1 把參加者分成 4～5 人一隊。在和桌球檯差 不多大小的桌子上，用膠帶標示出中線，請 參賽者對坐。在桌面上平均擺放 10～16 個 彩球。

將塑膠繩折疊成一束， 綁住尾端

2 工作人員吹哨後比賽開始，用扇子搧風把彩球移動到對方的桌面上。站起來、用手摸彩球，或是用扇子打彩球等都算犯規。犯規的話，對方的隊伍就會加 5 分。採用輸的一方就換下一位的淘汰制。

仔細看！
還有○秒！
出聲鼓勵
加油

3 一場比賽 30 秒。哨聲再次響起時就要把扇子放下。自己桌面上彩球較少的人獲勝。彩球一個 5 分，對方桌面上的彩球數量就是自己的得分。選手換人後繼續下一場比賽。

加入變化……

進行雙人賽更能在實際感受到團隊合作意識的同時，享受比賽的樂趣。加進一個不同顏色、分數 3 倍的彩球，更能炒熱氣氛。

！輔助重點

請配合參加者調整椅子的高度。要注意別讓參加者因為過於投入而站起身來。

參加人數	所需時間
2人～	**30分～**

紙盒乒乓球

用面紙盒做成球拍擊球,以射進球門的遊戲。看起來雖然簡單,但桌面很窄,擊球力道的拿捏並不容易,可以鍛鍊距離感和反射神經。

所需動作

(握)　(揮)　(打)

對大腦・五感的刺激

反射神經	距離感

提升的身體功能

手臂的運動	瞬間爆發力

精神面的變化

專注力	競爭心

要準備的器材

- ☐ 乒乓球　1～2顆
- ☐ 當做球門的盒子(面紙盒或鞋盒大小的盒子)　4個
- ☐ 面紙盒做成的球拍　2個
- ☐ 彩色絕緣膠帶(在桌面上標示出中線)
- ☐ 體操棒或角材
- ☐ 記分板

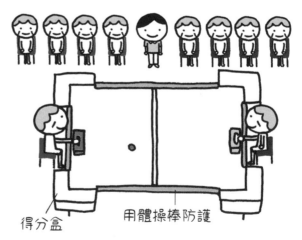

得分盒　　　用體操棒防護

試試看!

1 在桌面上標示出中線,在四個桌角貼上球門的盒子。有點像是撞球檯球洞的感覺。除此之外的桌沿部分,貼上體操棒,以防止球掉落。

用彩色絕緣膠帶堅固盒子

2 猜拳決定哪一方發球。用（面紙盒做的）球拍碰撞乒乓球讓球滾動，瞄準位在對方桌面上自己的球門。若球回彈就算犯規。手碰到球也算犯規。當犯規或是球從桌面上掉落，就算是對方進球。

出聲鼓勵

好球！

再一次、再一次！

（進球失敗時）

加油

3 進一球得 1 分，限時 3 分鐘。分數較高者獲勝。

！輔助重點

要注意別讓參加者因為過於投入而站起身來。從桌上掉落的乒乓球，一定要由工作人員撿起。握球拍力量不夠的人，用手也 OK。

請選球

小沙包？乒乓球？
哪一種比較容易進洞？

參加人數	所需時間
2人~	**30分~**

請參賽者從小沙包、彩色塑膠球、氣球、乒乓球中選擇，再投進水桶裡的遊戲。由於拋飛出去的方式因球而異，所以參賽者要先推測力道大小和投擲方式後，再做出選擇。

所需動作

握　投

對大腦·五感的刺激

距離感　計算能力　推測能力

提升的身體功能

手臂的運動　平衡

精神面的變化

專注力　上進心　競爭心

要準備的器材

- ☐ 小沙包（紅白皆可）　6個
- ☐ 彩色塑膠球　6顆
- ☐ 氣球　6個
- ☐ 乒乓球　6顆
- ☐ 水桶（紙箱也可以）　6～7個
- ☐ 標有分數的紙板　10分、30分、50分、70分各1～2張
- ☐ 膠帶（將分數板貼在水桶上）
- ☐ 彩色絕緣膠帶（貼出場地範圍）
- ☐ 記分板

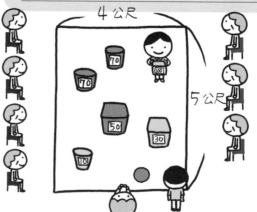

試試看！

1 這是以個人賽方式進行的遊戲。先用膠帶標示出一個寬4公尺、長5公尺左右的場地，在工作人員手拿的水桶，或是放在地上的紙箱上貼上分數，作為標靶。採1對1的個人賽。

2 參賽者每個人從四種球當中，選出 3 顆認為比較容易拋飛的球。都選同一種球也沒關係。只有氣球的得分是以兩倍計算。把球朝工作人員手拿的水桶或是放在地上的紙箱投出去。

出聲鼓勵

選得好！

兩倍！兩倍！（用氣球瞄準投球時）

移動！移動！（指定工作人員站的位置時）

加油

3 每個人投 3 次，將進球的分數相加後，高分者獲勝。每個人有一次機會，可以指定拿著水桶的工作人員所站的位置，譬如要求「再往前一點」等。

⚠ **輔助重點**

施力不好拿捏時，有時球會飛到意想不到的地方。請多加注意，不要讓球打到參加者。

加入變化……

若把分數設定為不好計算的 15 分、25 分等，可以進一步提升計算能力。如果對雙腳活動有自信的參加者較多時，也能改成以站立的姿勢進行。

參加人數	所需時間
2人~	**60分~**

寶特瓶冰壺

容易滑動的冰壺（冰上溜石），往往很難停在你瞄準的地方。這是一個很難拿捏力道的遊戲。無論個人賽或團體賽都 OK。彼此互相加油一起來炒熱氣氛吧。

所需動作

握　　讓冰壺滑動

對大腦·五感的刺激

距離感

提升的身體功能

手臂的運動　平衡

精神面的變化

專注力　緊張感

試試看！

要準備的器材

☐ 用寶特瓶、網球（彩色塑膠球）、厚紙板做成的冰壺　6～7 個

☐ 彩色絕緣膠帶（在地板上標示出分數）

☐ 記分板

1 在地板上用膠帶貼出標靶的範圍，在其中標示出 10 分～ 100 分的數字。離比賽起點較遠的地方，或是標靶較小的地方，訂定較高的分數。

使用 2 公升寶特瓶的底部，裡面放進網球

2 參賽者從比賽起點將冰壺滑出去。球成功滑到標靶上，就獲得上面所標示的分數。若沒有滑到標靶上，則不計分。

3 一人進行 5 次，合計 5 次的分數後，高分者獲勝。

出聲鼓勵

加油

就差○公分！
（差一點就得分時）

高分！高分！
（鼓勵參賽者瞄準的時候）

加入變化……

標靶上也可以不標示分數，而是改成貼上寫有模仿題目的紙張，譬如「狗叫聲」、「雨聲」等，當冰壺停在上面時，就要表演該項模仿，規則修改成這樣時，就能創造出非競爭性質的另一種樂趣。提升表達能力或發出聲音的效果值得期待。

注

是狗叫聲唷！

47

參加人數	所需時間
2人~	**30**分~

捲捲滑雪

把綁在長長繩子尾端的盒子,用捲的方式拉到自己面前的遊戲。個人戰的樂趣是比速度,但兩人一組進行會更好玩。這個遊戲相當花時間,也能鍛鍊參賽者的持久力和耐力。

所需動作

握　捲

對大腦・五感的刺激

距離感　認知力

提升的身體功能

手臂的運動　手腕的運動

精神面的變化

專注力　競爭心　成就感

要準備的器材

- ☐ 手工藝用的繩子或毛線等3~4公尺左右 2條
- ☐ 面紙盒做的台子 2個
- ☐ 貼在盒子上用厚紙板做的滑雪選手 2張
- ☐ 體操棒 2根
- ☐ 作為雪場、寬90公分、3~4公尺長的布 2塊
- ☐ 1公尺左右的棒子 2根
- ☐ 哨子 1個
- ☐ 碼錶 2個
- ☐ 時間記錄表 1張

試試看!

用繩子把體操棒和盒子連接在一起

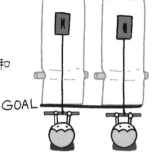

GOAL

1 製作滑雪選手的盒子。在比賽起點用絕緣膠帶拉一條線作為終點,從比賽起點正前方地上直直往前鋪一塊白布作為滑雪場。在布底下的某處放置一根棒子,作為障礙物,讓滑行有所變化。參加者兩人一組進行比賽。

2 參賽者坐在比賽起點的椅子上，兩手握著體操棒。將滑雪選手放在距離 3 公尺遠左右的滑雪場上面，工作人員吹哨後比賽開始，參賽者要將繩子捲在體操棒上，把滑雪選手往自己面前拉。用手拉繩子就算犯規，必須從頭開始。

出聲鼓勵

加油！加油！
已經過了高峰囉！
就快到了！就快到了！

加油

3 測量抵達終點的時間，寫在記錄表上。各組分別進行 3 次比賽，分別取最快速度作為最終成績後進行排名。在旁等待的人要熱烈地幫忙加油。

！輔助重點

要注意別讓參加者因為過於投入而站起身來。對於怎麼都無法順利把繩子捲起來的人，由工作人員協助，和參賽者一人出一隻手一起握著體操棒將繩子捲起。

加入變化……

放在盒子上的裝飾，可以配合季節，擺上女兒節人偶、神轎、月亮與玉兔、鏡餅和注連繩、金太郎和桃太郎、鬼和妖怪等，運用各種巧思，試著增添變化。

上肢

躲開守門員射門！

瞄準足球球門！

參加人數	所需時間
2人~	**60分~**

將牆面作為球門的踢球遊戲。不光是腳力，身體的平衡也很重要。設置一些不能碰到的區域，製造出更多的緊張氣氛。

所需動作

踢

對大腦·五感的刺激

距離感

提升的身體功能

腳的運動　**平衡**

精神面的變化

專注力　**緊張感**

要準備的器材

- ☐ 直徑 15 公分左右的彩色塑膠球　3～4 個
- ☐ 面紙盒　寫上 10 分、30 分、50 分、70 分、100 分的分數，各 1～2 個
- ☐ 畫有守門員的紙　1 張
- ☐ 記分板

試試看！

1 將牆面設為球門，把作為標靶的面紙盒立在地上。將畫有守門員的紙貼在牆面上。距離球門 3～4 公尺的地方做為比賽起點。

2 參賽者坐在比賽起點的椅子上，瞄準標靶踢球。要大膽地踢出去，但也不要用力過猛，還是要瞄準標靶。一人踢 3 次後就換人。不要只用慣用腳，雙腳都要使用。

出聲鼓勵

門將擋球！
（當踢到守門員時）

○分，○分，○分
（鼓勵參賽者瞄準時）

加油

3 合計踢中標靶的得分，高分者獲勝。直接踢到守門員，就要扣 10 分。個人賽或團體賽都 OK。配合人數進行 3 ～ 5 回合。

❶ 輔助重點

不方便活動身體的人，可由工作人員協助先擺好球，再請參賽者踢就好。要小心參賽者因為踢球力道過猛，而連同椅子整個往後倒。

加入
變化……
再增加一個守門員，或是移動場所，氣氛會更為熱烈。

51

以站姿推桿

滾滾高爾夫

參加人數	所需時間
2人~	**30分~**

站穩雙腳後推桿，可以鍛鍊下肢肌肉與身體的平衡。是沒有打過高爾夫球的人也能樂在其中的遊戲。個人賽或團體賽都 OK。

所需動作

(握)　(打)　(站穩)

對大腦・五感的刺激

距離感

提升的身體功能

手臂的運動　腳的運動　平衡

精神面的變化

專注力　慎重程度　緊張感

要準備的器材

- ☐ 室內用的槌球　5～6顆
- ☐ 槌球球桿　1支
- ☐ 用寶特瓶底座做的球洞　1個
- ☐ 畫有沙坑、水塘、果嶺的模造紙
- ☐ 記分板

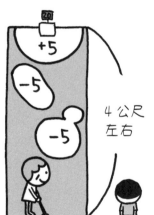

4公尺左右

試試看！

1 將作為高爾夫球場的模造紙貼在地板上。將球洞用膠帶固定在果嶺上。

52

2 參賽者輪流站在發球區（比賽起點），瞄準球洞後推桿擊球。掉進沙坑或水塘就扣 5 分。上了果嶺就加 5 分。進洞則算 20 分。摔倒會很危險，工作人員要一旁待命。

3 一人打 5 球後換人。計算總分後，高分者獲勝。

出聲鼓勵

加油

好球！
站得好穩！
（腳力弱的人成功站穩的時候）

! 輔助重點

運用下肢固然很重要，但摔倒就麻煩了。如果覺得站姿困難，就請參賽者坐著打。

參加人數	所需時間
8人~	**60分~**

推倒紙杯

把 10 個紙杯堆疊起來後，再用彩色塑膠球踢倒。堆疊或踢倒都不容易的遊戲。工作人員也要加入成為其中一員，靠團隊合作追求勝利。

所需動作

握　堆　踢

對大腦‧五感的刺激

空間知覺　距離感

提升的身體功能

手的運動　腳的運動　平衡

精神面的變化

專注力　慎重程度　團隊合作

要準備的器材

- ☐ 不同顏色的紙杯（1隊1色）　各 10 個
- ☐ 彩色塑膠球　各隊 2～3 顆
- ☐ 木板或托盤等，可以作為堆疊紙杯底座的東西　1隊1個
- ☐ 桌子（用來堆疊紙杯）　2 張
- ☐ 哨子　1 個
- ☐ 碼錶　1 個
- ☐ 記分板

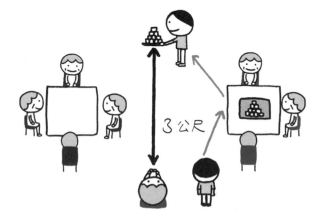

3 公尺

試試看！

1 將參加者每 4 人分成一隊。用來堆疊紙杯的托盤放在桌上。堆好紙杯的托盤擺放在距離參賽者 3 公尺左右的地方。

2 工作人員吹哨後比賽開始，隊伍裡的 3 人負責將紙杯堆疊在桌上的托盤裡。堆好之後，和工作人員說「OK！」。再由工作人員將托盤運送到距離參賽者 3 公尺遠左右的地方，運送過程中要小心不要弄倒堆好的紙杯。不負責堆紙杯、在旁等待的另一人，則負責瞄準堆好的紙杯後踢出彩色空心球。直到紙杯全部被踢倒為止。

出聲鼓勵

○○伯伯，你的破壞力超強的！

小心！冷靜！

才過了一半。加油！

3 測量工作人員吹哨後，到紙杯全部被踢倒為止的時間。時間最短的隊伍獲勝。可以輪流負責踢球，進行 4 ～ 5 回合遊戲。

加入變化…… 可以試著增加紙杯的數量，或是改變堆疊的方法。

參加人數	所需時間
6人～	**30分～**

刪去骰子的數字

同時擲出 3 個骰子，將擲出的數字合計後，把手邊卡片上的數字刪去的遊戲。擲骰子時，手需要用力。能在緊張興奮之中，提高專注力與計算能力。

類別

用數字
玩遊戲

對大腦・五感的刺激

計算
能力　認知力

提升的身體功能

手臂的
運動　手指的
運動

精神面的變化

專注力　競爭心　團隊
合作

要準備的器材

☐ 大一點的骰子　3 個
☐ 數字表（A3 左右大小的紙上，將 3 ～ 18
　的數字列表寫下）　每隊 1 張
☐ 筆記用具　每隊 1 組

3 4 5 6 7 8 9 10
11 12 13 14 15 16 17 18

**試試
看！** **1** 將參加者 3 ～ 6 人分成一隊。一隊坐在一張桌邊，分配數字表與筆記用具給各隊。團體賽或個人賽都 OK。

2 各隊按順序輪流推派出選手。選手朝向中央同時擲出 3 個骰子，並大聲說出合計的數字。該隊伍的人，將與 3 個數字合計相同的數字，從數字表上刪去。

出聲鼓勵

預備～丟！（擲骰子時）

大家一起說是多少呢？

（當骰子停下點數出現時）

加油

3 只有派出選手的隊伍，才能將自己隊數字表上的數字刪去。如果再度出現已從數字表上刪去的數字時，就直接換下一隊擲骰子。最先把所有數字刪去的隊伍獲勝。如果難以分出勝負，在一定時間結束也 OK。

加入變化……

玩過幾次熟悉之後，可以試著把骰子加到 4 個，做 4 ～ 24 的數字表。計算就會變難一點。

參加人數	所需時間
5人~	**60**分~

目標！億萬富翁

猜兩位數數字、五個數字、三個數字的遊戲。就算沒有實際買過，手裡拿了彩券，就是會讓人心跳加快。透過處理數字，也有助於活化腦部。

類別

> **用數字玩遊戲**

對大腦‧五感的刺激

> **思考力** **靈感** **認知力**

提升的身體功能

> **手指的運動**

精神面的變化

> **期待感** **激昂感**

❗輔助重點

為了讓參加者理解規則，要反覆地說明。第一次可以跟著工作人員一起選出數字。若有參加者因為太過投入而站起身來，或是大聲說話，要出聲提醒他們冷靜下來。

要準備的器材

- ☐ 0～9的卡片組　每人 1 組
- ☐ 寫有 0～9 數字的乒乓球　1 組
- ☐ 放乒乓球的箱子　1 個
- ☐ 畫有工作人員人臉等的手作鈔票 1000 圓、5000 圓、1 萬圓　配合人數
- ☐ 計算機　1 台
- ☐ 白板　1 塊
- ☐ 白板筆　1～2 枝
- ☐ 記分板

試試看！ 1

請參加者圍著桌子入座，發數字卡給他們。由工作人員擔任莊家（bookmaker），坐在前方的桌邊，將寫有數字的乒乓球放進箱子裡，然後擺在桌上。

2 從第一回合進行至第三回合。在第一回合，參賽者用數字卡，拼出 5 組兩位數的數字。當所有人都拼好之後，由莊家從箱子裡一個一個抽出乒乓球，按照抽出的順序先後，分別是十位數、個位數，抽出 5 組兩位數的中獎數字。猜中了中獎數字，就得到一樣的分數。

出聲鼓勵

○○伯伯，你今天很旺耶！（猜對數字時）

○○阿姨，你其他的事都很幸運，

所以沒關係唷（沒猜中的時候）

加油

	參賽者做的卡片	莊家抽出的數字	中獎數字	中獎獎金
第一回合	拼出 5 組 2 位數的數字。 【例】13、27、60、84、95 等	按抽出順序，抽出 5 組 2 位數的數字。 若十位數是 0，則與個位數交換。 【例】如果抽出的順序是 4、6、1、3、0、5、2、7、9、8，就是 46、13、50（0 與 5 交換）、27、98 這五組數字。	相同數字就是中獎 【例】13、27	中一組數字的獎金為 1,000 圓
第二回合	選出 5 個數字	抽出 5 個數字	相同數字就是中獎	中 1 個……500 圓 中 2 個……1,000 圓 中 3 個……3,000 圓 中 4 個……4,000 圓 5 個全中…1 萬圓
第三回合	選出 3 個數字	抽出 3 個數字	相同數字就是中獎	中 1 個……2,000 圓 中 2 個……5,000 圓 3 個全中……2 萬圓

3 在第二回合，參賽者從數字卡裡選出 5 個數字，排列在自己的面前。莊家抽出 5 顆乒乓球，分別代表 5 個中獎數字。只要中一個就得分。第三回合也以同樣的規則進行，從數字卡裡選出 3 個數字，與莊家所抽出 3 顆乒乓球的數字相同的話就得分（參考上表）。以手工製作的鈔票支付中獎獎金。

賽馬遊戲

> 用賽馬方式
> 玩雙陸*遊戲！

參加人數	所需時間
3~8人~	**60分~**

這是一款賽馬形式的雙陸遊戲。在棋子上寫上自己給馬取的名字，在白板上寫上賽事表，填入抵達終點的順序。透過這個遊戲可幫助長者更親近數字。

類別

用數字
玩遊戲

對大腦·五感的刺激

思考力　認知力

提升的身體功能

手指的
運動

精神面的變化

專注力　期待感　團隊合作

試試
看！

要準備的器材

☐ 作為賽馬賽道的繪雙陸板　1塊

☐ 馬的形狀的棋子　每人1個

☐ 大一點的骰子　1～2個

☐ 哨子　1個

☐ 白板筆　1～2枝

* 雙陸是在漢字文化圈流傳的桌遊，約在中國唐朝時期傳入日本。日本的雙陸玩法有兩種：一是兩人在棋盤上對戰的「盤雙陸」；另一種則是雙人以上的多人遊戲、以率先抵達終點為目標的「繪雙陸（紙上漫畫型雙六）」，類似現代的大富翁遊戲。盤雙陸因導致賭博盛行而被禁，所以後來日本的雙陸多半都是指繪雙陸。——譯者註

賽馬賽道圖：終點、起點、前進3格、後退2格、和旁邊的人打招呼、打招呼暗語、前進3格、模仿動物、唱一首歌、後退1格、前進一次、後退一格、哭一哭、跳三回繞圈圈 ── 中間寫著「OX 賽馬場」

1 在桌上擺放雙陸板，參賽者拉開間隔圍坐在四周。用厚紙板摺成三角形做為棋子，在上面畫一隻馬。可以標上號碼，或是事先區分不同顏色，以免和別人的馬搞混了。為自己的馬取名，在白板上寫下馬主名字、馬的名字、號碼（或顏色），製成賽事表。

2 依照（馬匹的）號碼順序擲骰子，按擲出的數字前進。過程中也可以事先設定一些如「失速倒退 3 格」、「吃飼料休息一次」、「和隔壁的馬主說『今天也很帥呢！』」、「用馬語打招呼」等，停在這些格子時就要遵從指示行動。

出聲鼓勵

〇〇（馬的名字）追上來了！

六！六！六！（連續喊出想要擲出的數字）

加油

3 沒有擲出剛好的數字，就無法抵達終點。譬如，離終點還有 3 格時，骰子沒有擲出 3 的話，就無法結束。在擲出正確數字之前，都要一直停留在原地。第一個抵達終點的馬獲勝。最後一匹馬抵達終點後，發表所有參賽者的抵達順序。並將結果填進賽事表上，享受 3 ～ 5 場比賽的樂趣。

！輔助重點

要注意別讓參加者因為過於投入而站起身來。因為手搆不到，無法自行移動棋子時，可由工作人員代為移動。

加入變化……

當大家熟悉遊戲之後，可以製作馬券提高可玩性，進一步炒熱氣氛。除了賽馬之外，也可以製作「〇〇的人生遊戲」、「爸爸（媽媽）的一天」、「孩子的四季」、「蓋一棟房子吧！」等各樣的雙陸板，就能一直都玩不膩。

參加人數	所需時間
6 人~	**60** 分~

填空遊戲

在空格裡填入一個字後完成一個詞的遊戲。除了聯想詞彙的樂趣外，也能提升溝通能力。寫下文字、發表答案等，能夠全面運用到多種身體功能。

類別

用文字
玩遊戲

對大腦・五感的刺激

思考力	詞彙	靈感

提升的身體功能

發聲功能	聽覺	寫字

精神面的變化

專注力	成就感	團隊合作

試試看！

要準備的器材

- ☐ 白板　1 塊
- ☐ 白板筆　1～2 枝
- ☐ 答案紙　每隊 1 張
- ☐ 哨子　1 個

1 將參加者 3～5 人分成一隊。參加人數較少的話，個人賽也 OK。面向白板，一隊分配一張桌子，請參加者圍著桌子入座。工作人員在白板上，寫下缺一個字的詞，譬如「☐日」、「月☐」，一次寫一個問題。空格☐只能填入一個字。

2 參加者以團隊形式共同討論，在□內填入文字，盡可能完成許多詞彙。「假日、節日、旭日」，「月亮、月份」等。所有人輪流在答案紙上寫字。太大聲討論，答案可能會被隔壁隊伍偷去。

出聲鼓勵

好厲害！竟然能想到這個詞！（回答出少見的詞彙時）

好，請大聲唸出來（對比較膽怯的參加者喊話）

慢慢來，不要緊張（寫字的時候）

加油

3 限時 3 分鐘。時間到了之後，工作人員吹哨以示結束。各隊輪流一一發表所寫出的詞。請參加者輪流發表，讓所有人都能發出聲音。全部發表完畢後，計算各隊所寫出的詞彙數量，詞彙數量多的隊伍獲勝。

! 輔助重點

對於一直想不出詞彙的隊伍，工作人員也能給一點提示。寫字速度慢的人，請工作人員在一旁鼓勵。

加入變化……

當字數變多時，難度就會增加。此外，□的位置也會影響難度。有些參加者會因為難度過低而興趣缺缺，所以不妨混入一些較難的問題。

參加人數	所需時間
6人~	**60分~**

詞彙高手

決定每一個類別的主題後，用 51 個平假名，盡可能地組合出愈多詞彙的遊戲。相信能讓參加者感受到團隊共同討論、一起思考的樂趣。

類別

用文字
玩遊戲

對大腦·五感的刺激

思考力	詞彙	靈感

提升的身體功能

發聲功能	手指的運動

精神面的變化

專注力	達成感	團隊合作

要準備的器材

- ☐ 寫有從「あ」到「ん」51 個平假名的卡片　每隊一組
- ☐ 同樣大小、沒有寫上任何文字的「求救」卡　每隊各 3 張
- ☐ 白板　1 塊
- ☐ 白板筆　1～2 枝
- ☐ 哨子　1 個

求救卡
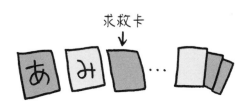

試試看！

1 將參加者 3～5 人分成一隊。參加人數較少的話，個人賽也 OK。每隊分配一張桌子，請參加者圍著桌子入座。工作人員在白板上寫下類別。譬如「食物」等。

2 工作人員吹哨後比賽開始，參加者全隊合力用 51 張卡片，組合出有關「食物」的詞彙。譬如「かき（柿子）」「あめ（糖果）」等。「ば」的話則用「は」，「ご」用「こ」等，用沒有濁音、半濁音的平假名來代替。一旦使用過的卡片要想再度使用時，就用「求救卡」。

出聲鼓勵

好像還能再拼出幾個字唷！

好厲害！竟然能想到這個（當回答出較難想到的詞彙時）

好，請大聲唸出來（對比較膽怯的參加者喊話）

加油

3 限時 5 分鐘。工作人員再度吹哨以示比賽結束。請每個隊伍輪流發表拼出來的詞彙，工作人員將其寫在白板上。也請參加者要輪流發表，讓所有人都能出聲。全部發表完畢後，計算各隊所拼出的詞彙數量，詞彙數量多的隊伍獲勝。

！ 輔助重點

手指功能較弱、不容易翻動卡片的參加者，工作人員可予以協助，讓他們更容易拿取卡片。對於一直想不出詞彙的隊伍，工作人員也可以給一點提示。

加入變化……

將遊戲改成製作 20 張左右的文字卡片，如「學校」、「大人」、「歌手」等，再請參加者拼出由兩個字組成的詞彙，能提升字詞的能力。

> 食物、三個字等，決
> 定範圍之後開始接龍

參加人數	所需時間
5人~	**60**分~

類別接龍

先決定詞彙的類別與字數等的範圍後再開始接龍，透過這樣的方式難
度會增加，會讓參加者興致更高。參加人數多的時候，將差不多能力
的人分成同一組，以讓參加者們都能享受遊戲的樂趣。

類別

> 用文字
> 玩遊戲

對大腦·五感的刺激

思考力	詞彙	靈感

提升的身體功能

發聲功能	聽覺

精神面的變化

專注力	成就感	溝通

> 試試
> 看！

要準備的器材

- ☐ 白板　1塊
- ☐ 白板筆　1～2枝

1 參加者坐成一圈。由工作人員決定類別後，寫在白板上。譬如是
「動物」的話，就只能用動物的名字接龍。如果是「三個字」的
話，就只能是三個字的詞彙。可以試著訂出各式各樣的範圍，如
「國家、都市的名字」、「食物」、「自己有的東西」等。

2 一開始由工作人員先說出一個該類別的詞彙。然後按順時針，每個人輪流接下去。不知是否屬於該類別時，所有人一起討論後做出判斷。

3 持續 7 ～ 10 輪左右之後，可以改變類別或字數等的範圍。

出聲鼓勵

不著急，仔細想一想！
○○阿姨，你好厲害能想到這個耶！

! **輔助重點**

對於遲遲想不出來的參加者，工作人員可以在旁給點提示。

人字旁？木字旁？
提手旁？能想出幾個？

參加人數	所需時間
6人～	**60**分～

漢字對決！

分成幾隊後，想出不同部首漢字的遊戲。以此遊戲為契機，也能讓參加者平日就開始對文字感興趣。也可採取團隊所有成員一起思考的模式。

類別

用文字
玩遊戲

對大腦·五感的刺激

思考力　說明力　靈感

提升的身體功能

發聲
功能　寫字

精神面的變化

專注力　成就感　團隊
合作

要準備的器材

☐ 畫有 5×5 格子 A4 紙　每人 1 張
☐ 筆記用具　每人 1 組
☐ 哨子　1 個
☐ 碼錶　1 個
☐ 移動式白板　2 塊
☐ 白板　1 塊
☐ 白板筆　3～4 枝
☐ 記分板

木字旁

代

人字旁

試試看！

1 將參加者分為人數相同的 A、B 兩隊，分別以橫列的方式入座。將筆記用具和格子紙發給大家。

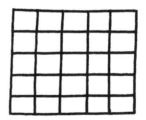

2 工作人員吹哨後比賽開始，A隊要想出「人字旁」的漢字，參加者分別在格子紙裡寫出人字旁的字。B隊則是要想出「木字旁」的漢字，並寫在格子紙上。

仁 俗

還有 10 秒

人字旁啊……

林 杣？

出聲鼓勵

○○伯伯，
您真是漢字博士呢！
想出來的漢字比上次少呢！

加油

3 1分鐘過後，工作人員吹哨以示比賽結束。A隊每個人輪流發表一個「人字旁」的漢字，並寫在移動式的白板上。工作人員將出現的漢字寫在白板上。想出較多漢字的隊伍獲勝。若採取全隊一起思考出答案，而不是每個人分別自己想的方式時，還能提升溝通能力。用各式各樣的部首如「提手旁」、「辶部」等來增加樂趣吧。

！輔助重點

對於遲遲想不出字的參加者，工作人員可在旁給予提示。

參加人數	所需時間
6人～	60分～

空缺的歌詞是什麼？

將參加者熟知歌曲的部分歌詞缺空，由團隊一起回想出來的遊戲。在留意時間限制的同時，覺得提心吊膽、七上八下。有時候可能會變成自創的歌詞，引人發笑。

類別

> 用歌曲
> 玩遊戲

對大腦・五感的刺激

> 想像力　記憶力

提升的身體功能

> 發聲功能　聽覺

精神面的變化

> 專注力　爽快感　團隊合作

要準備的器材

- ☐ 寫有歌詞題目、A3 大小左右的紙 1 組 2 人 1 張
- ☐ 筆記用具　每隊 1 組
- ☐ 哨子　1 個
- ☐ 碼錶　1 個
- ☐ 白板　1 塊
- ☐ 白板筆　1～2 枝

＊ 此曲〈曨月夜〉為日本知名的童謠，自 1948 年起，就收錄於由日本文部科學省審定的國小六年級音樂教材中。——譯者註

*黃花田裡夕陽薄
遠望山端〇〇深
〇〇和煦望天際
夕月高掛暗香淺
鄉間燈火〇〇色
田間小路行路人
〇〇聲聲鐘響徹
盡染晚霞曨月夜

試試看！

1　將參加者每 3～5 人分成一隊。將筆記用具和試題紙背面向上，發給大家。試題紙上寫著所有人都知道的歌曲的歌詞，但部分歌詞是空缺的。

2 工作人員吹哨後比賽開始,翻開試題紙,隊伍所有成員一起討論。將空缺處填滿。限時 3 分鐘。

出聲鼓勵

這句歌詞也很美呢!
（填入不同的歌詞時）

作詞家齊聚一堂,成了別的歌了呢!（填入不同的歌詞時）

答對了!真不愧是卡拉 OK 高手的隊伍!

加油

3 3 分鐘過後,工作人員再度吹哨以示比賽結束。請各隊輪流唱出他們填入的歌詞。若所有的隊伍看起來都填入正確的歌詞時,就所有人一起唱。可以將有所遲疑的歌詞先寫在白板上,再配合歌曲將答案依序填入。也推薦工作人員可以故意填入錯誤的歌詞,娛樂大家一起笑一笑。

加入變化……

也可以試著把參加者熟知的詩詞、俗諺等,空缺部分詞句做為題目。

! 輔助重點

若有隊伍遲遲都想不出歌詞,工作人員可以加入給予一些提示。

71

參加人數	所需時間
6人~	**60分~**

縣市鄉鎮名賓果！

用縣市鄉鎮名稱做成賓果卡，享受賓果樂趣的遊戲。賓果往往不易達成，氣氛反而更熱烈。在聖誕節等節日時，準備獎品也不錯。這是所有人能一起同樂的遊戲。

類別

用地理
玩遊戲

對大腦・五感的刺激

思考力　想像力　記憶力

提升的身體功能

發聲功能　聽覺　寫字

精神面的變化

專注力　成就感　團隊合作

試試看！

要準備的器材

- ☐ 賓果卡片（事先畫好 5×5 的格子）每隊 1 張
- ☐ 寫有縣市鄉鎮名稱的卡片　1 組
- ☐ 用來放縣市鄉鎮卡片的罐子或盒子　1 個
- ☐ 麥克筆　每隊黑色 1 枝、紅色 1 枝
- ☐ 白板　1 塊
- ☐ 白板筆　1～2 枝
- ☐ 哨子　1 個

1 將參加者 3～6 人分成一隊。發給每隊畫有格子的賓果卡片 1 張、黑色與紅色的麥克筆，並請各隊圍著各隊的桌子入座。將寫有縣市鄉鎮名稱的卡片，放進罐子或盒子裡。

2 工作人員吹哨後比賽開始,請各隊輪流舉出縣市鄉鎮名稱,由工作人員寫在白板上。當 30 個縣市鄉鎮名稱都出現後,請各隊從中選擇 25 個,用黑色麥克筆寫在格子裡。

是雲林縣

雲林縣

▶ 出聲鼓勵

○○隊,
聽牌!聽牌!
(大家一起說)

○○阿姨,
您今天的聲音很宏亮呢!
(對終於敢用比平時更大聲音說話的人)

加油

3 當所有的隊伍都完成賓果卡片之後,工作人員將大家所舉出的 30 個縣市鄉鎮的卡片放進罐子裡,抱著巡迴各桌之間,請各隊各抽出一張卡片。每抽出一張卡片,就念出該卡片上縣市鄉鎮名稱。所有隊伍在格子裡都有相同縣市鄉鎮名稱時,就用紅色麥克筆圈起來。當直的、橫的或斜的格子連成一線時,就算賓果。還差一個就賓果時,可以請隊伍的代表喊出「聽牌」。最快賓果的隊伍獲勝。

⚠ 輔助重點

當說不出縣市鄉鎮名稱時,工作人員可以給予提示,如「名產是○○的地方是哪裡啊?」等。

加入變化……

除了縣市鄉鎮名稱外,魚的名字、花的名字、歌手的名字等,各式各樣的內容都可以做成賓果遊戲。不妨詢問參加者的要求做出變化。

參加人數	所需時間
8人~	**60分~**

問號美術館

團隊合力用 3 分鐘將白板上的畫記起來，再用 3 分鐘回想起來。可以大家一起記下全部，也可以分配每個人各記住一部分。團隊一起思考作戰策略，以獲得高分。

類別

用圖畫
玩遊戲

對大腦·五感的刺激

記憶力 ｜ 對圖像的掌握

提升的身體功能

發聲功能 ｜ 寫字

精神面的變化

專注力 ｜ 團隊合作 ｜ 溝通能力

要準備的器材

- [ ] 在正面有圖案與分數，背面寫上「？」，串著繩子的卡片 8 ～ 15 張
- [ ] 夾子 8 ～ 15 個
- [ ] 答案紙 每隊 1 張
- [ ] 筆記用具 每隊 1 ～ 2 枝
- [ ] 哨子 1 個
- [ ] 記分板

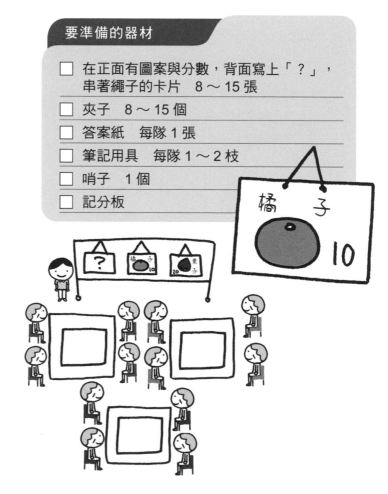

試試看！

1 將參加者 4 ～ 5 人分成一隊。問題卡由工作人員手持，或是用夾子固定在隔板上，好讓參加者都能看到畫有圖案的問題卡上的「？」（即問題卡的背面）。問題卡上的圖案，在決定主題後繪製，譬如可以是食物（橘子、栗子、饅頭、咖啡等）、身上穿戴的東西（帽子、眼鏡、外套等）之類的。分數則可事先寫上 5 分、10 分、15 分……

2 工作人員吹哨後比賽開始，將所有的圖案轉到正面（即問題卡翻到正面）。參加者要把圖案記住。一個人記住 2 張等，來分擔記憶也沒關係。記憶的時間為 3 分鐘。3 分鐘過後，工作人員吹哨以示記憶時間結束，並把所有圖案再度翻回背面。

出聲鼓勵

大家一起討論的話
就會更容易
回想起來唷！

真可惜！
下次挑戰全部答對

加油

3 請每一隊將問題卡上畫了什麼，寫在答案紙上。限時 3 分鐘。時間到了之後，工作人員吹哨以示比賽結束，然後開始對答案。將答對的卡片上的分數合計後，最高分的隊伍獲勝。

加入變化……

故意延長從記住圖案到寫在答案紙為止的時間，例如先請大家一起唱一首歌等，大家可能會忘記剛剛記住的圖案，會讓遊戲的氣氛更為熱烈。

好幾個人同時說能聽得出在說什麼嗎？

參加人數	所需時間
6人～	60分～

俺也是／我也是聖德太子

這是三個人同時說出不同單字，聽聲辨別出他們分別說些什麼的遊戲。所有的隊伍，既是出題者也是回答者。在鍛鍊聽力的同時，也能訓練發聲功能和專注力。

類別

> 用耳朵
> 玩遊戲

對大腦・五感的刺激

思考力	靈感

提升的身體功能

聽覺	發聲功能

精神面的變化

專注力	團隊合作	溝通能力

要準備的器材

- ☐ A4 大小的白紙　每隊 8～10 張
- ☐ 筆記用具　每隊 1～2 枝
- ☐ 用來一一寫下問題的紙
- ☐ 白板　1 塊
- ☐ 白板筆　1～2 枝
- ☐ 記分板

試試看！ 1

將參加者每 3 人分成一隊。一隊擔任出題者，並肩坐在最前面。剩下的隊伍分別圍著各自的桌子入座，向工作人員索取 A4 白紙和筆記用具。工作人員在白板上寫下問題的主題，譬如「動物」、「食物」、「家中用品」等。出題隊伍每個人各自記住工作人員給他們看的問題。

2 工作人員一說「聖德太子請聽聽看」之後，出題隊伍就要大聲說出剛剛記住的問題。如果類別是「動物」，可能就會同時說出「獅子」、「河馬」、「貓熊」等。說完一次之後要稍微停一下，總共重複說 3 次，答題的隊伍要試著聽出三個答案，在隊伍內討論過後寫在紙上。

出聲鼓勵

可惜！還差一個呢

○○阿姨，你的耳朵很靈呢

加油

3 當工作人員說「聖德太子殿下，請告訴我答案」，就請答題的隊伍發表他們寫在紙上的答案。答對一題是 10 分、兩題是 20 分，三題全對就可以得到 50 分。所有隊伍都會輪到擔任出題隊伍，最後以最高分的隊伍獲勝。

！輔助重點

因為到後來大家會愈來愈大聲，工作人員要適時提醒，請大家要冷靜下來以能仔細地聆聽題目。不管如何都聽不出來的隊伍，工作人員可用「看我的嘴形」的方法來給予提示。

加入變化……

一開始是選三個不同字數的詞彙，但等到參加者熟悉了之後，可以選擇例如「狸貓」、「鼬鼠」、「駱駝」等相同字數的問題，難度就會增加。

參加人數	所需時間
8人~	**60分~**

紙環接力

將紙環傳給隔壁的人。因為會用到舌頭和嘴巴的肌肉,可以一邊遊戲,一邊進行口腔運動。這個遊戲也能成為一個契機,提升參加者對於自身口腔照護的意識。

類別

用嘴巴
玩遊戲

對大腦・五感的刺激

對口腔
的刺激

提升的身體功能

舌頭的運動	下顎的運動	呼吸功能

精神面的變化

專注力	團隊合作

要準備的器材

☐ 尖端彎曲的可彎吸管　每人1支
☐ 做成環狀的紙膠帶　4~5個
☐ 哨子　1個

試試看！

1 將參加者4~7人分成一隊,每隊各自排成一列後入座。把吸管發給所有人,紙環每隊各發一個。

2 工作人員吹哨後比賽開始，從起點的人開始，嘴裡含著可彎吸管，將紙環掛在短邊上，傳到鄰座的人的吸管前端去。用手就算犯規，必須從頭開始。只有紙環掉落的時候，才可以用手掛回吸管上。

出聲鼓勵

要冷靜！
傳得好！
加油

3 先把紙環傳到終點的隊伍獲勝。可將起點與終點調換，或是改變左右等，進行幾回合的遊戲。

！輔助重點

感冒或流感盛行的秋初到春天要避免進行遊戲。即便在其他的季節，只要有人感冒，就要停止遊戲。

加入變化……

面對敵隊，可用扇子搧風阻礙接力，會讓人更投入團體賽，氣氛也會更為熱烈。

模仿嘴形傳話遊戲

> **不發出聲音的傳話遊戲!?**

參加人數	所需時間
8 人～	**60 分～**

不出聲、只動嘴,把話傳給旁邊的人。由於要誇張地展現嘴形,所以能鍛鍊到舌頭、嘴巴和臉部的肌肉。也能提升參加者對於自身口腔照護的意識。

類別

> 用嘴巴
> 玩遊戲

對大腦·五感的刺激

對口腔的刺激	想像力	注意力

提升的身體功能

舌頭的運動	嘴巴、臉部的運動	呼吸功能

精神面的變化

專注力	團隊合作	溝通能力

要準備的器材

- ☐ 寫有 6～7 種類題目的紙　每隊 1 份
- ☐ 答案紙　每隊 1 份
- ☐ 筆記用具　每隊 1 份
- ☐ 哨子　1 個
- ☐ 記分板

> **試試看!**

1 將參加者每 4～7 人分成一隊,每隊各自排成一列後入座。雖然與其他隊伍盡可能遠一點較好,但空間不夠時,可以利用隔板等區隔開來,讓各隊盡量看不到彼此。

2 工作人員吹哨後開始，將同樣的題目交給起點的人。請參加者記下紙上所寫的題目，並在不出聲、只動口的狀態下，傳話給隔壁的人。當嘴形不夠明顯時，譬如是「梅花」、「玫瑰」，還是「眉毛」，就會搞不清楚。

出聲鼓勵

團隊合作超棒的！
仔細看唷！
○○伯伯，傳得好！

3 當話傳到最後一位時，請最後的人把答案寫在紙上。當所有隊伍都結束時，一起拿起答案紙，彼此說出答案。成功正確傳話的隊伍獲勝。在隊伍內部，要以什麼順序來傳話，可以事先擬定作戰策略。

！輔助重點

感冒或流感盛行的秋初到春天要避免進行遊戲。即便在其他的季節，只要有人感冒，就要停止遊戲。

	參加人數	所需時間
10 公分大概是多少啊？ **0.5 公斤又大概是多少啊？**	**8人~**	**60分~**

測量遊戲

推測身邊日常用品的長度或重量，用紙膠帶或小沙包等重現的遊戲。因為意想不到地困難，一定能炒熱現場氣氛。在享受遊戲樂趣的同時，也能鍛鍊直覺和感覺。

類別

> 考驗
> 感覺

對大腦·五感的刺激

直觀	長度或重量的感覺	認知力

提升的身體功能

手臂的運動	手指的運動

精神面的變化

專注力	成就感	團隊合作

要準備的器材

- ☐ 紙膠帶　每人 1 卷
- ☐ 剪刀　每人 1 把
- ☐ 塑膠袋　每人 1 個
- ☐ 小沙包　平均每人 5～7 個
- ☐ 0.5 公斤的砝碼　每隊 1 個
- ☐ 磅秤　1 台
- ☐ 白板
- ☐ 白板筆　1～2 枝
- ☐ 記分板

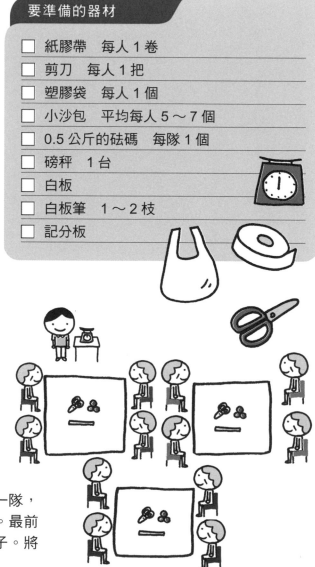

試試看！

1 將參加者每 4～7 人分成一隊，各隊圍著自己的桌子入座。最前方設置工作人員使用的檯子。將所需材料分配給各隊。

2 將幾個題目寫在白板上。譬如①用餐時使用的托盤或面紙盒等，日常生活中物品的長度，用紙膠帶剪出相同的長度。②將小沙包放進塑膠袋裡，使其總重盡量接近 0.5 公斤等。全隊一同提出答案後，再由工作人員實際測量各隊的答案。也可以拿到前方的檯上量，或是到各桌去量。

出聲鼓勵

絲毫不差獎！

可惜！只差○公分（○公克等）

○○阿姨，好厲害！（對平常玩遊戲時不是特別熱衷的人）

3 愈接近實際的長度或重量，給分就愈高，高分的隊伍獲勝。完全準確的隊伍，可以多給額外的 20 分等。

加入變化……

無論什麼物品的長度或重量，都能成為題目。試著多點巧思，用各式各樣的東西來出題。舉例來說，可以請參加者猜一猜不介意公開體重的兩位工作人員的合計體重，或是工作人員從玄關到白板為止要走幾步等，與工作人員有關的問題，能更炒熱氣氛。

**彈開、滾出去
提高得分**

參加人數	所需時間
2人~	**30分~**

乒乓撞球

像打撞球一樣，用手指彈或是用手滾動乒乓球，讓球掉進貼在桌子邊緣的分數盒裡，是需要專注力的遊戲。能夠用身體去感受細微的力道拿捏。

類別

考驗
感覺

對大腦·五感的刺激

距離感	計算能力

提升的身體功能

手指的運動	手臂的運動

精神面的變化

專注力	緊張感

要準備的器材

- ☐ 乒乓球　1人各5顆
- ☐ 標示有分數的盒子（有大有小）　4~6個
- ☐ 標示有分數的紙杯　4~5個
- ☐ 桌子　1張
- ☐ 廚房用保鮮膜的紙筒或角材等，用來防止乒乓球從桌邊掉落的東西
- ☐ 透明膠帶　1卷
- ☐ 記分板

試試看！

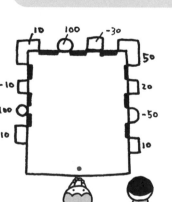

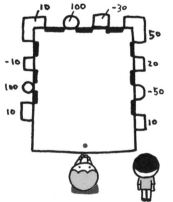

1 將桌子短邊的中央作為比賽起點。其他三個邊，以適當的間距貼上標示有分數的盒子或紙杯。標示 10 ~ 100 分、–10 分、–30 分。愈小的盒子或貼在角落的盒子就標上愈高的分數。沒有貼盒子的地方，貼上保鮮膜紙筒等，以防止乒乓球掉落。

2 參賽者坐在比賽地點的椅子上，用手指將乒乓球彈進盒子裡。一人進行 5 次。覺得用彈很困難的人，也可以用手把球滾出去。

出聲鼓勵

距離抓得好好唷！
一定是乒乓球的錯
（怎麼都無法進球的時候）

加油

3 計算進球的得分，高分者獲勝。

！輔助重點

小心手指不要被桌子劃傷。乒乓球掉落時，一定要由工作人員撿起。

參加人數	所需時間
8 人~	**60** 分~

摸一摸猜一猜（恐怖箱）

只靠摸的感覺猜出日常生活中物品的遊戲。因為看不到箱子內部，所以手伸進去時不免覺得膽戰心驚。選題時，要選一些摸的時候會讓人嚇一跳的物品。參加者在觸摸時，可以適時出聲嚇對方，以炒熱現場氣氛。

類別

> 用觸覺
> 享受樂趣

對大腦・五感的刺激

觸覺	思考力

提升的身體功能

手指的運動	發聲功能

精神面的變化

專注力	緊張感	團隊合作

要準備的器材

- ☐ 放入題目的箱子（事先挖兩個可以把手伸進去的洞） 1～2個（配合參加人數）
- ☐ 塑膠球、湯匙、筷子、鉛筆、蘋果、茄子、濕紙巾、消氣的氣球、洗衣袋、乾電池等，可以作為題目的物品 分別1～2個
- ☐ 記分板

試試看！

1
將參加者每4～7人分成一隊，各隊圍著自己的桌子入座。將擺有箱子的桌子放在中央或是最前方。從參加者看不到的那一側的洞裡，放入作為題目的物品。

2 各隊每次派出一人到箱子前，把手伸入觸摸箱子裡的東西，知道答案後回到自己的位子。全隊都摸完之後，在工作人員的號令後，一起說出答案。

哎呀～

出聲鼓勵

是什麼啊、是什麼啊
（參加者正在摸的時候）

慢慢想沒關係唷！

哇！（參加者把手伸進去時故意出聲嚇人）

加油

3 工作人員將箱子裡的東西拿出來，展示標準答案。答對的隊伍得 5 分。所有人都參加過後，遊戲就結束，最高分的隊伍獲勝。可以放入一些不容易判斷的東西（蘋果或茄子等）、濕濕的東西（保冷劑或濕紙巾等）、皺皺的東西（消氣的氣球等），讓參加者思考或是因此受到驚嚇。

❶ 輔助重點

對於一會兒要站、一會兒又要坐覺得辛苦的參加者，工作人員可以直接把箱子拿到桌邊去。

加入變化……

箱子裡一次同時放進 3～4 種物品，請參加者摸過之後分別記住各項物品是什麼，這樣的玩法還能鍛鍊記憶力。

參加人數
6人~

所需時間
60分~

贏了就打剪刀石頭布

猜拳後贏的人就敲打對方的紙氣球，猜輸的就要保護紙氣球不要被對方打到，非常簡單的遊戲。一直猜贏留到最後的隊伍獲勝。鍛鍊反射神經和瞬間的判斷力。

類別

用猜拳
玩遊戲

對大腦·五感的刺激

反射
神經

判斷力

瞬間
爆發力

提升的身體功能

手臂的
運動

發聲
功能

精神面的變化

專注力

競爭心

團隊
合作

試試看！

要準備的器材

☐ 紙氣球　人數 ×3

☐ 將 2 ~ 3 張摺成一半的報紙疊在一起後捲成棒狀　每人 1 根

☐ 可以蓋住紙氣球的盆子　每人 1 個

1 將參加者分為人數相同的兩支隊伍。桌上擺放各自的棒子、紙氣球、盆子，參賽者隔著長桌相對而坐。

2 當工作人員說「贏了就打剪刀石頭布」之後,參賽者就猜拳。贏的人用自己面前的棒子,敲打對方面前的紙氣球。猜輸的人,則要把盆子蓋在紙氣球上,以保護自己的紙氣球不被對方打到。

贏了就打剪刀石頭布!

safe

啪嗒

出聲鼓勵

好厲害!
守得好!
○○阿姨,動作好快耶!

加油

3 一人有 3 個紙氣球。所有人的紙氣球都被打扁的隊伍就輸了。

⚠ 輔助重點

讓能力差不多的人對戰,雙方都能更樂在其中。行動不便的人,工作人員應適時給予協助。玩得太投入時,有時會坐得太淺,或是身體不自覺向前傾等,都相當危險,工作人員要多加留意。

把工作人員的照片
對上正確的名字

參加人數	所需時間
12人～	**60**分～

圖片配對，這是誰？

將身邊人物的照片與名字配對的圖片配對遊戲。將參加者也做成卡片，當成題目，提供彼此互相認識的機會。也可以混入有名人名字或照片的卡片，以增加難度。

類別

> 用圖案
> 玩遊戲

對大腦・五感的刺激

> 思考力

提升的身體功能

> 手臂的
> 運動

精神面的變化

> 團隊
> 合作

> 溝通
> 能力

要準備的器材

☐ 明信片大小的卡片，右邊貼上工作人員的照片，左邊寫上那個人的名字　每隊 5 張

☐ 貼有名人照片的卡片　2 張

☐ 寫有名人名字的卡片　2 張

☐ 放卡片的盒子（箱子）　每隊 1 個

☐ 哨子　1 個

☐ 排名表　1 張

試試看！

1 將參加者每 4 人分成一隊。工作人員將明信片大小的卡片從中間剪開，把照片與名字分開。在這 10 張卡片裡，摻進 2 張名人的照片，以及混入 2 張與照片不同的名人的名字。這些卡片視為一組，將同樣的內容物發給各隊。

2 工作人員吹哨後比賽開始，各隊把卡片翻到正面排列在桌上，開始配對圖片。團隊成員一起討論，拼湊出答案。

出聲鼓勵

要注意會有陷阱題唷

靜下心來，慢慢想

加油

3 限時 3 分鐘。工作人員再次吹哨後遊戲結束。所有人一起對答案，正確配對的卡片愈多的隊伍獲勝。也可以多點巧思，把工作人員的照片遮住眼睛，或是多放進工作人員名字寫錯一個字的卡片，增加遊戲難度，炒熱現場氣氛。

加入變化……

卡片上的圖案，也可以事先做好各式各樣的類別，如動物、魚類、季節相關的物品、器材等。等到參加者熟悉遊戲之後，把卡片數量增加到 10 張、15 張，難度就會增加，也會變得更為有趣。

比賽看誰飛得高

彈跳相撲

參加人數	所需時間
8人～	**60**分～

運用懷舊童玩「彈跳板」（彈跳青蛙）來比紙上相撲。在等待彈跳板彈起的期間，氣氛緊張。可以為相撲力士取名等，營造出更濃厚的相撲比賽氣氛。

類別

用懷舊童玩玩遊戲

對大腦·五感的刺激

認知力

提升的身體功能

手指的運動　**手臂的運動**

精神面的變化

專注力　**緊張感**　**爽快感**

要準備的器材

☐ 「彈跳板」的材料（厚紙板和橡皮筋）每人 1 份

☐ 用紙板製成直徑 50 公分左右的土俵（相撲擂台）　每隊 1 個

☐ 用扇子做的軍配扇　每隊 1 支

將厚紙板的四個地方剪出切縫，並事先在中央一半處摺出摺痕

15公分
6公分

→ 在紙板上塗上顏色或畫上圖案

↓

將橡皮筋交叉套在切縫上

↓

當手指離開時，紙板就會向上彈跳

啪嗒

1 首先，從讓參加者自己製作彈跳板開始。並請參加者在彈跳板上塗上顏色或是畫上圖案，完成自己專屬的、獨一無二的彈跳板。當所有人都完成之後，將土俵放在桌上。將參加者每 4 ～ 7 人分成一隊。

2 參加者在隊伍內進行淘汰賽。把彈跳板放在土俵上，彈飛得較高的人獲勝。評判由所有人一起進行。選出擔任行司的人，擔任行司的人喊出「上吧！開始吧！」之後比賽開始，贏的參賽者要報出自己的名字。

上吧！
開始吧！

出聲鼓勵

沒出界！沒出界！（在等待彈跳板彈起的時候）
○○伯伯的○山（相撲力士的名字）好厲害呢！
○○川（相撲力士的名字），無敵！

加油

3 在隊伍內的優勝者，代表隊伍與其他隊伍的優勝者進行淘汰賽。大家一起為參賽者加油，炒熱現場氣氛。

！輔助重點

對於製作彈跳板感覺有困難的參加者，由工作人員協助製作。

參加人數	所需時間
8 人～	**60 分～**

人人都是姜太公

面向藍色地墊的大海，垂下釣竿，比賽誰釣得多。釣魚線會在意想不到的地方鬆開，或是有時會釣起自己並不想要的東西。可以製作各式各樣的魚和物品，在分數上多點巧思，讓現場氣氛更熱烈。

類別

用懷舊童玩
玩遊戲

對大腦·五感的刺激

距離感　反射神經　瞬間爆發力

提升的身體功能

手臂的運動

精神面的變化

專注力　成就感　團隊合作

要準備的器材

- [ ] 釣魚竿（80～100 公分園藝用的支撐桿）3～4 支
- [ ] 綁在釣魚竿尖端長 120 公分左右的天蠶絲釣魚線　3～4 條
- [ ] 綁在天蠶絲釣魚線線頭的磁鐵　3～4 個
- [ ] 瓦楞紙或厚紙板做成的魚等（背面寫上分數　12～20 隻
- [ ] 夾在魚等上面的長尾夾　12～20 個
- [ ] 藍色塑膠布　1 張
- [ ] 水桶　2 個
- [ ] 哨子　1 個
- [ ] 碼錶　1 個
- [ ] 記分板

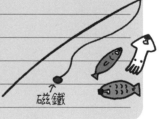

磁鐵

試試看！

1 將參加者分成相同人數的兩支隊伍。兩隊相對而坐，中間鋪上作為大海的塑膠布。塑膠布上放置夾著長尾夾的魚（20 分）、珠寶盒（50 分）、昆布（5 分）、烏賊·章魚（10 分）、長靴（–10 分）、空瓶（–10 分）等。用膠帶把天蠶絲釣魚線的線頭貼在釣魚竿上，纏上釣魚線留下 80 公分左右的長度。在釣魚線垂下的尾端用透明膠帶貼上磁鐵。每隊各派出一人，坐在比賽地點。

2 工作人員吹哨後比賽開始，垂下釣魚線開始釣魚。釣起的魚由工作人員取下放進水桶裡。不小心釣到長靴或是空瓶，就會扣分。限時 3 分鐘。工作人員再度吹哨後，比賽結束。

加油

出聲鼓勵

珠寶盒！珠寶盒！珠寶盒！別在意別在意！溜走的魚很小的

加油

3 合計釣起的魚的分數，寫在記分板上後，把魚放回海裡，換下一個人繼續比賽。以全隊的總計分數決定勝負，但得分最高者也能獲得釣魚高手的表揚。

！輔助重點

要注意別讓參加者因為過於投入而站起身來。無法順利操作釣竿的人，工作人員可以一起幫忙握住釣竿。

參加人數	所需時間
7 人~	**60 分~**

用低肩投法瞄準！

瞄準紙板上的分數，把小沙包從稍高角度投出去的遊戲。因為球網設得較低，投球就會比較不容易。由在旁觀看的人擔任裁判，透過所有人一起參與，炒熱現場氣氛。

所需動作

握　　投

對大腦・五感的刺激

距離感　空間知覺

提升的身體功能

手臂的運動　平衡

精神面的變化

專注力

要準備的器材

- [ ] 小沙包　10 ～ 20 個
- [ ] 數字板（用彩色絕緣膠帶貼出格子，放上寫有分數的三色色紙）　1 張
- [ ] 手旗　3 支
- [ ] 遊戲用的球網　1 張
- [ ] 記分板

劃分裁判的區域

B 裁判

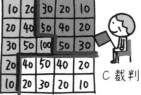

10	20	30	20	10
20	40	50	40	20
30	50	100	50	30
20	40	50	40	20
10	20	30	20	10

A 裁判

C 裁判

2～3公尺

← 椅子

試試看！

1

將比賽地點與紙板間距離拉到 2 ～ 3 公尺左右，把球網綁在椅背上，設置在兩者之間。請參加者擔任裁判坐在紙板的三個邊，即比賽地點的對面、左、右。數字板上，以不同顏色劃分出三位裁判的裁判區域。

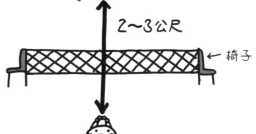

2 參賽者坐在比賽地點，以低肩投法將小沙包往紙板處投出。瞄準高分區域，讓小沙包越過球網成功著地。一人投 5 次，前面 2 次是練習，後面 3 次就要計分。三位裁判在小沙包落在自己負責的區域時，要舉起手旗大聲報出「〇分」。小沙包掉出紙板外，則不予計分。

3 合計總分後，高分者獲勝。遊戲過程中，要設法讓所有的人都輪流成為參賽者與裁判。

⚠ 輔助重點

對於覺得低肩投法困難的參加者，請他以自己能做到的投球方式投球即可。要提醒裁判不要太靠近紙板，以免被小沙包擊中。

▶ 出聲鼓勵

〇〇阿姨，你投球的動作好流暢呢！

〇分、〇分、〇分
（鼓勵參賽者瞄準的時候）

97

參加人數	所需時間
5 人~	**60 分~**

飛吧！紙飛機

自己摺紙飛機後讓它飛出去的懷舊遊戲。可以請擅長的人傳授大家紙飛機的摺法。為了讓紙飛機飛得遠，力道的拿捏、均衡運用身體也會成為重點。

所需動作

握　　投

對大腦·五感的刺激

距離感　創造力

提升的身體功能

手臂的運動　手指的運動　平衡

精神面的變化

專注力　製作的樂趣　溝通能力

要準備的器材

- ☐ 用來摺紙飛機的 A4 或 A3 的影印紙　每人 1 張
- ☐ 紙飛機的範本數種　每隊 1 組
- ☐ 彩色絕緣膠帶　1 卷
- ☐ 捲尺　1～2 個
- ☐ 記分板

試試看！

1 參加者自己選紙，摺出自己的紙飛機。可以參考範本，也可以請參加者中擅長摺紙飛機的人教大家怎麼做。摺好之後，為紙飛機取名，並寫在飛機上。在比賽地點用絕緣膠帶貼出一條線。

2

參加者每個人輪流，人多的時候兩人一起，
坐在比賽地點的椅子上，讓紙飛機飛出去。

3

工作人員用捲尺測量飛行距離，並寫在記分板
上。所有人都飛完之後，一邊看各自的距離，一
邊互相給予建議，然後再飛第二次。以飛行距離
來排名，決定勝負。

出聲鼓勵

能飛得更遠了呢！
○○伯伯，很好的建議呢！

加油

❗輔助重點

工作人員要站在參賽者的左右，以預防他
們跌倒。從各自的椅子移動到比賽地點時
也要小心。此外，也請留意不要讓紙飛機
撞到參加者。

氣球相撲

把氣球移動到對方的陣地

參加人數	所需時間
4人～	**30分～**

用扇子搧動吊著的氣球，把氣球逼到對方的陣地裡。兩人一組與敵方隊伍對戰。是一個講求團隊合作的遊戲。巧妙地運用全身的平衡，向上搧風吧。

所需動作

握　搧

對大腦·五感的刺激

距離感　認知力

提升的身體功能

手臂的運動　手腕的運動　平衡

精神面的變化

專注力　競爭心　團隊合作

要準備的器材

- ☐ 氣球　1個
- ☐ 用來吊氣球約40公分長的繩子　1條
- ☐ 扇子　4～6支
- ☐ 細繩或手工藝用的繩子等約3公尺長　1條
- ☐ 彩色絕緣膠帶　1卷
- ☐ 落地的支架等　2座
- ☐ 哨子　1個
- ☐ 碼錶　1個

試試看！

1 將參加者分成相同人數的兩支隊伍。把繩子的兩端固定在落地的支架上，中央吊一個氣球。地板上用絕緣膠帶做出記號。參加者兩人一組，各自拿一把扇子，坐在比賽用的椅子上。椅子擺在繩子兩側，兩人排成一線，也可以前後錯開。就如同網球雙打一樣，不妨仔細研究一下守備位置的策略。

2 工作人員吹哨後比賽開始，用扇子搧風設法讓氣球超過中央記號處，移動到對方的陣地裡。不能用扇子直接敲打氣球。限時 1 分鐘。

▌出聲鼓勵

很棒團隊合作！

要冷靜！

加油

3 1 分鐘過後，工作人員再度吹哨以示比賽結束，並判定氣球在哪一方的陣地裡。贏一場比賽得 10 分，高分的隊伍獲勝。其他參加者可以在旁用鈴鼓或鈴鐺等，熱鬧地為參賽者加油打氣。

！輔助重點

由於必須向上搧風，要注意不要讓參加者失去了平衡。對於難以保持身體平衡的參加者，工作人員可以站在旁邊，給予協助。

參加人數	所需時間
8人~	**30分~**

別讓紅球跑了！

在挖了洞的厚紙板上，只讓紅球掉進箱子裡的遊戲。拿著厚紙板，時而搖晃，時而傾斜。手臂的維持力、手腕的柔軟度和反射神經，也都不可或缺。

所需動作

握　　抬　　搖

對大腦・五感的刺激

反射神經　　空間知覺

提升的身體功能

手臂的運動　　手腕的運動　　平衡

精神面的變化

專注力　　緊張感　　團隊合作

要準備的器材

- ☐ 紅白球或彩色的乒乓球　紅5顆、白10顆
- ☐ 120公分×120公分的厚紙板，上面挖幾個足以讓球落下的洞　每組1張
- ☐ 用來接住紅球的箱子　每組1個
- ☐ 哨子　1個
- ☐ 記分板

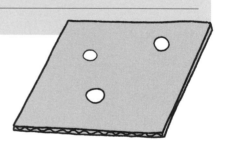

試試看！

1 將參加者分成4人一隊。4人坐成四方形，一起拿著厚紙板。厚紙板的下方放一個用來接住紅球的箱子。

102

2 工作人員吹哨後比賽開始，工作人員一次放3～4顆球到厚紙板上，其中混著紅球‧白球。參賽者透過搖晃或傾斜厚紙板，設法讓白球從洞裡落下，然後只讓紅球掉進下方的箱子裡。用手或腳就算犯規。

出聲鼓勵

○○伯伯，你握得很緊呢！

好厲害呢！真是篩選專家！

沒關係，（紅球）還有○顆唷！

加油

3 當厚紙板上沒球了，工作人員就持續加球。每隊有 5 顆紅球、10 顆白球。當所有隊伍的球全都落下後，比賽就結束。紅球 1 顆算 10 分，計算有幾顆紅球掉進箱子裡，高分的隊伍獲勝。可以進行 4 ～ 5 場比賽。

! 輔助重點

如果難以維持一直拿著厚紙板的狀態，下方可以放桌子來支撐手臂。從厚紙板落下的球，工作人員要迅速地撿起。

加入變化……

不妨試著增加難度，譬如用三種顏色的球，或是只準備一顆金色的球，掉進箱子裡就能獲得高分，或是增加厚紙板上的洞等。

用手臂揮打
海灘球

參加人數	所需時間
6人~	**60分~**

大聯盟擊球

用手臂揮打海灘球，瞄準寫有分數的標靶，比賽誰高分的遊戲。可以利用寬敞的空間，盡情地打擊出去。不只是手臂，還會運用到全身。

所需動作

揮　打

對大腦‧五感的刺激

距離感　時機

提升的身體功能

手臂的運動　平衡

精神面的變化

專注力　爽快感

試試看！

要準備的器材

- ☐ 海灘球　1～2顆
- ☐ 作為本壘的檯子（約90公分高）　1座
- ☐ 分數板　10分～90分　各幾張
- ☐ 全壘打板　1塊
- ☐ 寶特瓶　7～8罐
- ☐ 夾子　4～5個
- ☐ 彩色絕緣膠帶　1卷
- ☐ 白板　1塊
- ☐ 白板筆　1～2枝

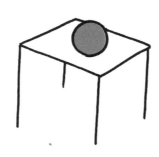

1 將參加者分成相同人數的兩支隊伍。設置本壘，並用絕緣膠帶在地上拉出界線，圍起一個像棒球場一樣的範圍。將貼有分數的寶特瓶擺放在地上，也用夾子等把分數板別在窗簾上。愈遠的地方分數愈高。全壘打板設在最顯眼、最難的地方。

2 參賽者輪流站上本壘，用手臂揮打放在本壘台上的海灘球。基本上是站著進行。事先準備高度約 70 公分的低台，站著有困難的人就坐著打。一人各打 2 球，得分寫在白板的記分板上。

出聲鼓勵

全壘打！100分！
下一球是○分，可以的！（打偏的時候）
不要緊張，瞄準好再打唷！

3 進行 5 個回合，高分者獲勝。在參加者不勉強的範圍內，可以配合人數改變局數。

! 輔助重點

工作人員要站在參賽者的旁邊，以預防他們跌倒。要小心擊出的球不要打到參加者。

加入變化……

也可將規則改為，用報紙做成的球棒來代替以手臂打擊。也可以在界外區貼上負分的板子，或是製作一個界外的板子，如果打到就要馬上換人等，在分數上也加點變化。

參加人數	所需時間
8 人～	**60 分～**

Let's shoot ！

用丟沙包的技巧，把沙包往上丟。由於雨傘不穩定，方向會變，所以
要將沙包丟進去其實相當不容易，也必須看準時機。透過團體賽的方
式，還會點燃參加者的競爭心。

所需動作

握　　投　　瞄準

對大腦‧五感的刺激

距離感　空間知覺

提升的身體功能

手臂的運動　手腕的運動　平衡

精神面的變化

專注力　競爭心　團隊合作

要準備的器材

- ☐ 丟沙包遊戲的小沙包、彩色塑膠球等 80 個以上
- ☐ 雨傘　2 支
- ☐ 用來倒掛雨傘，釘在天花板上的鉤子　2 個
- ☐ 用來倒掛雨傘的繩子　2 條
- ☐ 彩色的絕緣膠帶　1 卷
- ☐ 哨子　1 個
- ☐ 碼錶　1 個
- ☐ 記分板

試試看！

1 將參加者分成相同人數的兩支或四支隊伍。在天花板上裝上用來倒掛雨傘的鉤子。也可以利用送風口等。將綁上繩子的雨傘，像碗公一樣倒掛起來。要先確認雨傘就算稍微拉扯也不會掉下來。以雨傘為中心，在 3 公尺、5 公尺的地方用絕緣膠帶貼出界線，作為比賽地點。投擲力量較弱的人坐在內側。一支傘的下方由一支或兩支隊伍進行丟沙包比賽。配合各隊，事先劃分好不同顏色的沙包。

2 工作人員吹哨後比賽開始，參賽者把沙包丟進雨傘裡。比賽一回合 30 秒。各進行兩回合，第二回合時，在雨傘上綁上一條繩子，由工作人員在場外拉繩搖晃雨傘。

晃——

啊

出聲鼓勵

盡量丟唷！

○○阿姨，百發百中！

加油

3 兩回合結束後，所有人一起數丟進雨傘裡的沙包有多少個。

⚠ 輔助重點

在往上丟沙包的時候，要留意別讓參加者失去平衡。要充分注意，別讓沙包砸到別的參加者。掉下來的沙包一定要由工作人員撿起，交給參賽者。

加入變化……

如果無法將雨傘倒掛在天花板上時，也可以直接放在地上。選小一點的傘，或是在傘上面挖洞讓好不容易丟進去的沙包又掉出來等，加入一些變化會更有趣。

把海灘球
推進球門！

參加人數
8人～

所需時間
30分～

相親曲棍球

分成兩隊，用球棍將海灘球往旁邊送最後射門。因為要和敵方隊伍爭奪海灘球，所以往往很難進球。在旁加油打氣一起炒熱氣氛唷！

所需動作

握　瞄準　打

對大腦·五感的刺激

距離感　反射神經

提升的身體功能

手臂的運動　平衡

精神面的變化

專注力　競爭心　團隊合作

要準備的器材

☐ 海灘球　1顆
☐ 將3、4張裁成一半的報紙捲成70公分左右的球棍　每人1支
☐ 彩色絕緣膠帶　1卷
☐ 哨子　1個
☐ 碼錶　1個
☐ 記分板

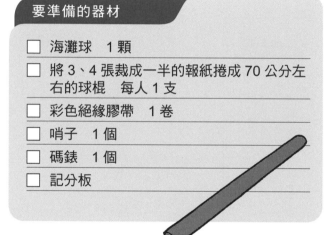

試試看！

1 將參加者分成相同人數的兩支隊伍。兩隊相對而坐。隊伍之間約間隔1.5公尺左右。在隊伍的右側，以絕緣膠帶做記號，設定為球門。

2 把球放在球場中央，工作人員吹哨後比賽開始。用球棍將球傳給旁邊的人，並射進自己隊伍的球門裡。敵方隊伍要阻止對方射門。如果手腳碰到球就算犯規。由犯規者對面敵方隊伍的人擊球後，比賽再度開始。

出聲鼓勵

進得漂亮！
截球，很厲害耶！
還差一分！

加油

3 一場比賽 5 分鐘，比哪一隊的進球數多。在旁觀賽的人要用力加油打氣炒熱氣氛唷。

！輔助重點

有些人一投入就會站起來很危險，請一定要坐著進行遊戲。使用球棍有困難的人，工作人員可以伸手幫忙扶著，一起進行遊戲。

加入變化……

當球門改到另一側時，就能運用到身體相反的一側。

用床單射門！

所有人一起拿著一大塊布，節奏一致地讓海灘球在上面移動。會比預期中的更需要握力和手臂的力量。參加者齊心合力、井然有序地排成隊伍，是能讓所有人都樂在其中的訣竅。

所需動作

握　搖　抬

對大腦・五感的刺激

距離感　認知力

提升的身體功能

手臂的運動　手腕的運動　平衡

精神面的變化

專注力　持久力　團隊合作

要準備的器材

- [ ] 海灘球　1 顆
- [ ] 兩張床單縫在一起所做成約 250 ～ 300 公分 ×150 公分的一大塊布（也可以用封箱膠帶固定在一起）　1 塊
- [ ] 彩色絕緣膠帶　1 卷
- [ ] 哨子　1 個
- [ ] 記分板

試試看！

1 將參加者分成相同人數的兩支隊伍，兩隊以床單接縫處為界，分成兩邊入座。以絕緣膠帶在地上標示出兩隊各自的球門線。

2 工作人員吹哨後比賽開始，隊伍的所有成員一起上下擺動床單，讓在上面的海灘球朝球門的方向移動。球進到敵方隊伍的球門時就算得分。一場比賽 3 分鐘。

出聲鼓勵

好棒的團隊合作！

球可不會隨你的意唷！

可惜！下一球一定會進！

加油

3 3 分鐘後，工作人員吹哨以示比賽結束，高分的隊伍獲勝。其他的參加者可以在一旁熱鬧地加油打氣。

 ！輔助重點

如果有人臂力較弱，就讓力氣差不多程度的人坐在他對面。拿著床單的手會慢慢地一直往上抬，最後就會動不了，所以要適時地出聲提醒參加者把手放下來。

 加入變化……

用氣球等不易移動的東西代替海灘球，難度就會增加。工作人員也可以鑽到床單底下的中央處，故意惡作劇移動上面的海灘球，以增添遊戲的樂趣。

111

參加人數	所需時間
8人~	**60分~**

湊在一起笑一笑！

依序抽出「是誰的卡片」、「在哪裡的卡片」、「做了什麼的卡片」，
享受隨機組成有趣句子的遊戲。這個遊戲會創造出活躍的溝通，具有
藉由大聲笑出來活化身心的效果。

類別

> 大家一起
> 笑一笑

對大腦·五感的刺激

思考力	詞彙

提升的身體功能

手指的運動	呼吸功能	發聲功能

精神面的變化

激昂感	團隊合作	笑

要準備的器材

- [ ] 「是誰的卡片」、「在哪裡的卡片」、「做了什麼的卡片」 分別各7～10種
- [ ] 分別用來放「是誰的卡片」、「在哪裡的卡片」、「做了什麼的卡片」的箱子 3個
- [ ] 磁鐵
- [ ] 白板 1塊

試試看！

1 將參加者每4人分成一隊，各隊圍著自己的桌子入座。工作人員抱著分別裝有「是誰的卡片」、「在哪裡的卡片」、「做了什麼的卡片」的箱子。

2 工作人員喊「開始」後，請各隊依序抽出「是誰的卡片」、「在哪裡的卡片」、「做了什麼的卡片」。工作人員抱著箱子巡迴各桌。抽到的卡片先蓋在桌上。所有隊伍都抽完卡片之後，再翻開卡片，讓隊伍裡的所有成員輪流讀出卡片所組成的句子，例如「○○先生」「在金星上」「唱卡拉OK」、「（德川）家康」「在便利商店」「睡過頭了」等等。

○○先生　在金星上　唱卡拉OK

哈哈哈

哈哈

出聲鼓勵

品味真好！
這個組合也太讚了吧！

加油

3 進行幾回合之後，選出幾個有趣的句子貼在白板上，再由所有人選出最優秀作品。把最優秀作品寫在影印紙上，貼在大廳裡讓大家欣賞，也是不錯的作法。

！輔助重點

注意要避免使用誹謗中傷的說法，或是色情的字句等。工作人員可以積極發言，設法逗笑大家。

參加人數
8人~

所需時間
60分~

名偵探是哪一隊？

團隊一起討論、推理部分放大的畫作或照片，實際上是什麼東西。這是一個需要每個人的靈感、思考力、想像力和溝通能力的遊戲。

類別

大家一起推理

對大腦·五感的刺激

思考力 **想像力** **靈感**

提升的身體功能

手指的運動 **發聲功能**

精神面的變化

專注力 **成就感** **團隊合作**

要準備的器材

☐ 作為題目的畫作或照片　每隊1組+1張
☐ 白板　1塊
☐ 碼錶　1個
☐ 哨子　1個

試試看！

1 將參加者每4人分成一隊。參加者較少時，個人賽也OK。作為題目的畫作或照片，一開始只釋出放大影印的一部分。舉例來說，只釋出東京鐵塔展望台的部分。第二次則釋出鐵塔底座的部分，第三次釋出全貌等，要事先準備好能讓參加者一目瞭然的畫作或照片。

2 工作人員吹哨後比賽開始，參加者觀察第一張發下來的圖案，推理是什麼東西的畫作。限時 3 分鐘。知道答案的隊伍舉手，然後悄聲地把答案告訴工作人員。答錯的話就重新推理一次。

答對了！！

出聲鼓勵

太厲害了！名偵探！
○○伯伯，您真是敏銳！
沒關係沒關係，
我們再等等下一個線索

加油

3 3 分鐘過後，將第二張圖案，發給還是沒有猜出來的隊伍。後續發出的第三張、第四張線索圖案給還沒猜對的隊伍，按答對的順序決定排名。如果有隊伍怎麼都猜不出來，就把題目的圖案貼在白板上，讓大家一起想想看。

加入
變化……

如果很多參加者都覺得太簡單，可以把毫不相干的圖案混進題目裡，製作混亂效果。

參加人數	所需時間
4人~	**30**分~

笑福面[*]

把認識的人的臉拿來做笑福面的遊戲時，有時更會讓人大笑不已。在遊戲開始之前，先仔細觀察完成圖，就能一邊在腦海中浮現畫面一邊拼圖。

類別

大家一起
笑一笑

對大腦‧五感的刺激

空間
知覺

記憶力

提升的身體功能

手指的
運動

發聲
功能

精神面的變化

專注力

溝通
能力

笑

要準備的器材

☐ 工作人員大頭照影印放大後製作成的笑福面 1~2張

☐ 矇眼布（眼罩或手帕等） 每人1條

試試看！

---

* 笑福面（福笑い）是日本正月時節的傳統遊戲，需矇眼將眼、鼻、嘴巴等五官零件，排列於空白臉型的紙上。因為矇眼的緣故，很難將五官零件放在正確的位置上，完成的臉譜經常是歪斜且滑稽，讓人忍不住捧腹大笑。而日本文化中相信笑得愈大聲，就愈能吸引福神上門，隔年的福氣也會愈多。——譯者註

1 參加者圍著桌子入座。把用工作人員大頭照做成的笑福面放在桌上，參賽者先仔細觀察完成後的狀態，再由工作人員協助矇上眼睛。矇上眼睛之後，由工作人員將笑福面的各部位拆開。

2 在所有人喊出「笑福面笑福面，○○先生的臉！」之後，開始進行笑福面的遊戲（將眼耳鼻口等各部位排列在空白的臉上）。

那是耳朵唷

再上面一點

> 出聲鼓勵
>
> 哇，是誰的臉啊，這？
> 比本人更帥（美）耶！
> ○○伯伯，謝謝你！
> 把我拼得那麼美。

加油

3 參賽者完成笑福面後，舉起右手喊出：「○○先生的臉，完成！」拿下矇眼布，和大家一起看看拼湊出什麼樣的臉。

 加入變化……

 用參加者的臉出題，也能炒熱氣氛。不過請先經過本人同意。

找出帶頭的！

參加人數	所需時間
6人~	**60**分~

由某人成為領導者帶頭，在鬼沒看到的時候做出一個手勢，其他的人跟著模仿。當鬼的人必須靠著迅速的反應與觀察力，找出是誰帶頭的遊戲。

類別

大家一起
笑一笑

對大腦‧五感的刺激

判斷力　觀察力　瞬間爆發力

提升的身體功能

手臂的運動　腳的運動

精神面的變化

專注力　緊張感　團隊合作

要準備的器材

☐ 哨子　1個

← 鬼

試試看！

1 將參加者6～10人分成一隊。人數較多的時候，可以增加隊伍的數量。大家圍成圈坐下，決定一個人當鬼。

2 工作人員站在鬼的正後方,在不被鬼發現的情況下用手指向某一個人。被指到的人就成為領導者,在工作人員吹哨後,在鬼沒有看到的時候做出一個手勢或動作。譬如手摸臉頰、抓額頭、雙手抱胸、抬起單邊腳等。其他的參加者要模仿這個手勢或動作。鬼要觀察參加者的樣子,猜出誰是帶頭的人。

領導者↓

←鬼

3 猜出領導者之後,就換人當鬼。試著從參加者的視線、頭部朝向和動作的時機點等,猜出是誰帶頭的。

出聲鼓勵

鬼加油!
○○阿姨,您的觀察力太高超了!
鬼在看你唷!

加油

! 輔助重點

遲遲猜不出誰是領導者的時候,工作人員可以從場外用手指出來,給鬼一點提示。

參加人數
8人~

所需時間
60分~

湯匙接力

團隊合力把乒乓球運送到球門。去程和回程的接力方式不同,所以千萬不能大意,全隊一起討論研擬作戰策略,也是遊戲樂趣的重點之一。

所需動作

拿　維持　傳遞

對大腦‧五感的刺激

判斷力

提升的身體功能

手臂的運動　手指的運動　發聲功能

精神面的變化

專注力　成就感　團隊合作

試試看!

要準備的器材

- ☐ 乒乓球　3~4顆
- ☐ 湯勺　8~10支
- ☐ 免洗筷　8~10雙
- ☐ 果凍或布丁的杯子　8~10個
- ☐ 大量匙　4~5支
- ☐ 球門的箱子　2個
- ☐ 哨子　1個
- ☐ 碼錶　1個

隊伍的第一個人

球門的箱子

1 將參加者分成相同人數的兩支隊伍。每個人從湯勺、免洗筷、杯子、量匙中選一樣拿著,各隊橫排成一列,與敵隊相對而坐。在隊伍第一個人的面前,放置作為球門的箱子。

2 工作人員吹哨後比賽開始，工作人員將乒乓球放在第一個人手裡拿的湯勺（或是免洗筷、杯子、湯匙）裡。要設法將乒乓球接力傳到下一個人手上，不要掉下來。無論是傳球的人或接球的人，只要用手壓著乒乓球或是用手拿乒乓球傳給下一個人就算犯規，必須從頭開始。乒乓球如果掉到地上，由工作人員撿起後，繼續比賽。

嘿

出聲鼓勵

不要著急唷
狀況很好唷
○○阿姨，超棒的！
（對做得比平時更好的人說）

加油

3 傳給最後一個人後，換最後一個人用手把乒乓球回傳給旁邊的人，反向接力回來。等球傳回來後，由隊伍的第一個人把球投入箱子裡，舉手喊出「進球！」然後全隊再一起喊出「進球」，並做出萬歲的動作。愈快進球的隊伍獲勝。團隊可以一起討論接力的順序或是要拿什麼器材，以擬定作戰計畫。

＊ 在日本文化中，用筷子夾著食物傳遞給另一雙筷子是一種禁忌，因為這個動作會讓人聯想到撿骨。——譯者註

❗ 輔助重點

要注意避免隔鄰兩人使用免洗筷接球。因為有些參加者可能會覺得不吉利＊。

加入變化……

熟練了之後，可以使用兩顆乒乓球，當第一顆球傳到最後一位時，第二顆球就出發。第二顆球和用手傳回來的第一顆球會在途中交錯，營造出緊張的氣氛。

參加人數	所需時間
6人～	**60分～**

繪畫修復師

把同一幅畫切成幾個碎片，再由隔壁的隊伍恢復原狀。一邊回想起畫作的全貌，一邊和團隊成員討論後完成修復。這是一個可以刺激記憶力與造形能力的遊戲。

類別

> 大家一起
> 推理

對大腦・五感的刺激

思考力	記憶力	對畫作的掌握

提升的身體功能

手指的運動

精神面的變化

專注力	競爭心	團隊合作

試試看！

要準備的器材

- [ ] A3 左右大小的畫作 3 ～ 4 種　每隊每種各 1 份
- [ ] 剪刀　每隊 1 支
- [ ] 透明膠帶　每隊 1 卷
- [ ] 哨子　1 個
- [ ] 記分板

1 將參加者每 3 ～ 5 人分成一隊。每隊各發一張相同的畫作。畫作可以選擇有季節感的作品，或是年度例行活動、以前的童玩遊戲等，參加者熟悉的主題。在工作人員吹哨之前，都先不要翻開。

2 工作人員吹哨後翻開畫作，所有人邊看邊開始記憶。接著由代表的人把該畫作剪成 8 塊。然後交給隔壁的隊伍。

修復完成！

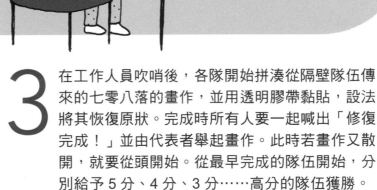

出聲鼓勵

來吧！把它剪得藝術一點吧！

太厲害了！（當迅速地恢復原狀時）

加油

3 在工作人員吹哨後，各隊開始拼湊從隔壁隊伍傳來的七零八落的畫作，並用透明膠帶黏貼，設法將其恢復原狀。完成時所有人要一起喊出「修復完成！」並由代表者舉起畫作。此時若畫作又散開，就要從頭開始。從最早完成的隊伍開始，分別給予 5 分、4 分、3 分……高分的隊伍獲勝。

加入變化……

當剪破的碎片愈多時，難度就愈高。作為題目的畫作，如果是由參加者所畫，還可以增添畫畫的樂趣。

! 輔助重點

要協助參加者使用剪刀，避免受傷。

參加人數	所需時間
12 人～	**60** 分～

用手傳遞，嘿咻！

團隊所有成員用手傳遞鋁罐，再由工作人員堆在桌上。工作人員也成為團隊的一分子，藉此創造出連帶感，以炒熱氣氛。可以在搬運的物品上多點巧思，加入一些變化。

類別

> 團結一心

對大腦‧五感的刺激

> 判斷力　反射神經

提升的身體功能

> 手的運動　手指的運動　發聲功能

精神面的變化

> 激昂感　團隊合作　溝通能力

要準備的器材

- [ ] 鋁罐　每隊 5 罐
- [ ] 扇子　每隊 1 支
- [ ] 用來堆鋁罐的桌子　1 張
- [ ] 用來裝鋁罐的箱子　每隊 1 個
- [ ] 哨子　1 個
- [ ] 記分板

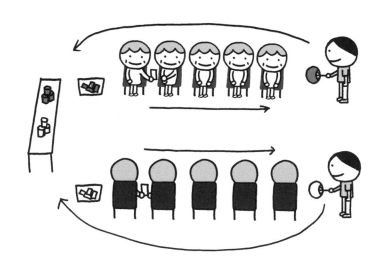

試試看！

1 將參加者分成相同人數的兩支隊伍，各隊橫排成一列，與敵隊相對而坐。最前方設置用來堆鋁罐的桌子，隊伍第一個人旁邊放置投入鋁罐用的箱子。

2 工作人員吹哨後比賽開始，隊伍第一個人從箱子裡取出一個鋁罐，傳給第二個人。每個人依序在接到鋁罐時喊出「好」、「嘿」、「嘿咻」、「OK」等，一邊發出聲音，一邊把鋁罐傳給旁邊的人。工作人員再將鋁罐放在扇子上，運到最前方的桌子上堆起來。鋁罐若掉到地上，撿起後從該地點繼續進行比賽。當工作人員把鋁罐放在桌上後，隊伍的第一個人就從箱子裡取出第二個鋁罐，依相同的方法傳給下一個人。

加油！

3 最快將5個鋁罐全都堆在桌上的隊伍獲勝。其他也可以試著選擇（堆放、排列）350毫升的寶特瓶、彩色塑膠球等，用各式各樣的物品來增添樂趣。

出聲鼓勵

不要著急，要小心

狀況很好唷

加油

！輔助重點

手或手指活動不方便的人，工作人員可以站在旁邊，出聲鼓勵參加者「慢慢來」、「沒問題的」，讓參加者不要著急，試著慢慢做到。要注意別讓參加者因為過於投入而站起身來。

參加人數	所需時間
10 人～	**60** 分～

夥伴的「圈！」

柔軟地扭動牽在一起的手，設法讓圈環移動。就算一開始連手牽手都有些猶豫不決，一旦遊戲開始了就會全心投入樂在其中了。能增進參加者之間的交流。

類別

團結一致

對大腦·五感的刺激

判斷力　認知力

提升的身體功能

手臂的運動　柔軟度

精神面的變化

專注力　激昂感　團隊合作

要準備的器材

☐ 套圈圈用的圈環（也可以用報紙捲起來再黏貼成一個圈）　1～3 個

☐ 碼錶　1～2 個

☐ 哨子　1 個

☐ 白板　1 塊

☐ 白板筆　1～2 枝

試試看！

1 所有參加者圍坐成一個大圈。起頭的人將圈環穿過左手，並與鄰座的人先牽起手來準備。

2 工作人員吹哨後遊戲開始，將穿過手臂的圈環，設法移動到鄰座的人手上，而且不能用到空出來的那隻手。接到圈環的人，放開剛剛牽著的右手，讓圈環落下到手掌後握著，穿進左手。然後與左邊的人牽起手來，同樣地在不用到空的那隻手的情況下，把圈環移動到坐在左邊的人右手上。這樣的接力一直持續到圈環傳給最後一個人為止。圈環掉在地上時，由工作人員撿起，並從掉落處重新開始。

出聲鼓勵

手要牽好，感情才會好唷！
再加油一下！
不著急的話就做得到唷

加油

3 最後一個人用左手舉起圈環喊出：「抵達終點！」用碼錶計時。遊戲進行幾次，並把時間寫在白板上，大家一起追求加快速度。工作人員可以加入接力大圈的某些位置，一起炒熱氣氛。

⚠ 輔助重點

單側偏癱的人，無法使用左右兩側，只用同一側也 OK。動作有困難的人，工作人員站在旁邊適時給予協助。

加入變化……

用時間差的方式先後接力傳遞兩個圈環，或是把大圈分成兩半比賽哪邊比較快等，都能炒熱氣氛。

資深照護專家現場實證，好用又有趣的樂齡活動【圖解】

——維持身體機能、刺激認知，家族聚會、機構照顧都適用
お年寄りに喜ばれる　楽しいレクリエーション　ベスト55

作　　　者　小林正幸、大澤麻衣

譯　　　者　陳光棻

封面設計　萬勝安

責任編輯　劉素芬、張海靜

行銷業務　王綬晨、邱紹溢、劉文雅

行銷企畫　黃羿潔

副總編輯　張海靜

總　編　輯　王思迅

發　行　人　蘇拾平

出　　　版　如果出版

發　　　行　大雁出版基地

地　　　址　新北市新店區北新路三段207-3號5樓

電　　　話　02-8913-1005

傳　　　真　02-8913-1056

讀者服務信箱　E-mail andbooks@andbooks.com.tw

劃撥帳號　19983379

戶　　　名　大雁文化事業股份有限公司

出版日期　2024年04月初版

定　　　價　550元

I S B N　978-626-7334-77-5（平裝）

OTOSHIYORI NI YOROKOBARERU TANOSHII RECREATION BEST 55
Copyright © 2015 by Masayuki KOBAYASHI, Mai OSAWA
All rights reserved.
Interior illustrations by Hiroko SAKAKI
Interior design by Masayuki Okubo Inc.
First published in Japan in 2015 by IKEDA Publishing Co.,Ltd.
Traditional Chinese translation rights arranged with PHP Institute, Inc.
through Bardon-Chinese Media Agency.

有著作權・翻印必究

歡迎光臨大雁出版基地官網
www.andbooks.com.tw

國家圖書館出版品預行編目資料

資深照護專家現場實證，好用又有趣的樂齡活動（圖解）：維持身體機能、刺激
認知，家族聚會、機構照顧都適用／小林正幸，大澤麻衣著；陳光棻譯. -- 初版.
-- 新北市：如果出版：大雁出版基地發行, 2024.04
　　面：　公分
譯自：お年寄りに喜ばれる 楽しいレクリエーション ベスト55
ISBN 978-626-7334-77-5（平裝）

1. CST：老人養護　2. CST：休閒活動

544.85　　　　　　　　　　　　　　　　　　　　　　113003418